CHANSONS

LES OISEAUX

PAR

LES MEMBRES DU CAVEAU

PARIS

TYPOGRAPHIE JULES-JUTEAU ET FILS

Passage du Caire, 29 et 31

—

1875

Les Oiseaux

AVERTISSEMENT

—

Les Chansons que contient ce recueil ont été faites su
des MOTS tirés au sort, et chantées au Banquet annu
(dit Banquet d'Été) qui a eu lieu le vendredi 18 juin 1875
chez M. ORY, restaurateur, avenue de l'Impératrice, n° 10

CHANSONS

LES OISEAUX

PAR

LES MEMBRES DU CAVEAU

PARIS

Typographie et Lithographie Jules-Juteau et Fils

Passage du Caire, 29 et 31

—

1875

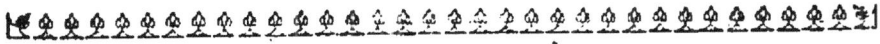

LES OISEAUX

ƇHANŞONS

TOAST AUX OISEAUX

Puisque le scrutin consulté
Vous donna la majorité
Pour le recueil qu'on intitule :
« Les Mots donnés, » ce fascicule
Doit être à vous entièrement,
Gentils oiseaux! En conséquence,
Laissant tout effort d'éloquence,
Je suis un simple truchement.
C'est vous qui portez la parole...
Mais l'accord sera-t-il complet?
Chacun voudra ce qui lui plaît :
La mouette, une barcarole;

Le pierrot, un pont-neuf banal;
Que vient offrir le cardinal?
Un cantique; à l'air de bravoure
Que le coq entonne en vainqueur,
Les pigeons répondront en chœur.
Un vif appel de chasse à courre
Par le faucon sera vanté.
Par l'aigle, un chant de liberté
Qu'on déclame avec le cothurne.
Quant au rossignol, son nocturne
Le charmera plus, c'est certain,
Que le joyeux réveil-matin,
Privilége de l'alouette.
Les cadences de la fauvette,
Du bengali, du roitelet,
Égrenant leurs trilles en perles,
Pour écho, des geais et des merles
Auront à craindre le sifflet.
Des grives le refrain bachique
Ne sera qu'un charivari,
Si du paon, oiseau monarchique,
Riposte le lugubre cri.
O vous, qui du Conservatoire
Pouvez dédaigner les leçons,
Chardonnerets, serins, pinsons;
Vous n'avez besoin, c'est notoire,
Pingouin, canard, goëland, héron,

Oiseaux de marais ou de golfe,
Ni du solfége de Rodolphe,
Ni de celui de Panseron .
Ni d'instruments à vent, à corde.
Soyez, pour nous, de la concorde
Des modèles harmonieux;
Chantez tous, mais à tour de rôle!
Hein? ne le trouvez-vous pas drôle,
Et même assez ingénieux,
L'expédient que je propose?
Au Président toujours la pose.
Grâce aux *Mots donnés* de ce jour,
Que chacun la prenne à son tour,
Sans peur de se rasseoir bredouille.
Nous chantons tout ce qui gazouille;
Lesquels viendront me chanter pouille,
Et se poser en hérissons?
Pour toster selon nos coutumes,
Fit-on volumes sur volumes,
Rien ne vaut ces ténors à plumes;
Ils sont les vivantes chansons.

EUGÈNE MOREAU,
Membre titulaire, Président.

L'AIGLE

—

AIR *des Comédiens*

O roi des airs, par Jupiter lui-même
Tu fus choisi, blason resplendissant;
Tu sus briller noble et vaillant emblême,
Chez plus d'un peuple au nom retentissant.

Je me souviens que ce fut par ton aide,
En employant ton zèle audacieux,
Que Jupiter, enlevant Ganymède,
En fit soudain un échanson des dieux.

Je ne veux pas trop creuser ce mystère,
Mais en restant dans les termes permis,
Je ne sais pas, le prenant à la terre,
Pourquoi Jupin au rang des dieux l'a mis.

Oiseau hardi, ta serre tient la foudre,
Rien ne résiste à ton bec sans pareil;

Tu te complais à l'odeur de la poudre,
Et ton œil seul peut fixer le soleil.

Trois pieds de long, et huit pieds d'envergure,
C'est ta mesure, et malgré quelques torts,
Fier et courtois, du moins Buffon l'assure,
Dans les charniers, tu respectes les morts.

N'oublions pas que les aigles romaines
Ont triomphé de cent peuples divers,
Et que si Rome a prodigué des chaînes,
Ses lois, ses mœurs éclairaient l'univers.

Dans cette ville, il semble que le glaive
Doit seul régner sous l'ère des Césars;
Et cependant sans repos et sans trêve,
On voit fleurir les lettres et les arts.

Dans vingt pays, d'un brillant capitaine
Tu sus guider les valeureux soldats ;
Et de nos jours, comme l'aigle romaine,
L'aigle française illustra maints combats.

Napoléon au temple de mémoire
Vivra toujours, son œuvre le défend;
Zoïle abject qui veux ternir sa gloire,
Rappelle-toi la lime et le serpent!

1.

O Béranger, tu l'as dit : pauvre France !
L'aigle n'est plus dans le secret des dieux !
Au fond du cœur il reste l'espérance,
Et ton soleil reviendra radieux.

Je n'aime pas cet aigle à double face,
De nos voisins et l'amour et l'orgueil ;
Rappelons-nous que sa sinistre trace
A profané notre glorieux seuil !

Mais l'avenir nous appartient encore ;
Restons unis sous un même drapeau,
Sous ses couleurs dont la France s'honore,
Nous reverrons un triomphe nouveau.

A ce banquet, suivant l'antique règle,
Pour ce sujet m'a désigné le sort ;
Pardonnez-moi, je ne suis pas un aigle,
Pour le traiter, il fallait un plus fort.

A. FOUACHE,

Membre titulaire.

L'ALOUETTE

—

Air de la *Valse du Hâvre*

Caveau,
Qui, dans un mot nouveau,
Nous as donné l'oiseau
Pour l'escrime
A la rime,
Merci
De nous jeter ainsi
Dans l'esprit un souci,
Et dans l'âme
Une flamme !

Le sort
Ne ma fait aucun tort,
Il ma traité d'abord
Comme un heureux poète ;
Car, dans ce gai tournoi,
Je lui sais gré, ma foi,
D'avoir choisi pour moi
La charmante alouette !

Cet oiseau,
Pour nous de passage,
Annonce le renouveau ;
Et par son brillant ramage
Rend la joie à chaque hameau !
Ma petite
Favorite
Trotte vite
Sur le sol ;
Et légère
Passagère,
De la terre
Prend son vol.
Tournant,
Gazouillant,
Voletant,
Vers le ciel en montant
A l'aurore
Qui dore
Les grands arbres toujours bénis
Pour la saison des nids
Que l'amour fait éclore !

Ce chant
Mélodieux, touchant,
Dans l'air se détachant,
Charme toujours l'oreille ;
Pour nous rien ne se perd

Et dans ce doux concert,
Qui par elle est offert.
Son gosier fait merveille.
    Non jamais
De voix plus coquette
Ne nous a ravis, distraits,
Et je mets mon alouette
Au rang des rossignolets.
        Que, superbe,
        Vienne l'herbe
        D'où la gerbe
        Doit sortir.
        Mère prompte,
        Elle compte
        Pour sa ponte
        S'y blottir.
        L'été,
Dans toute sa beauté,
Voit sa fécondité
S'ébattre dans la plaine;
Les bleuets et la marjolaine
Ont fait un toit fleuri
A son discret abri.

        Souvent,
Dans un effort bravant
Et la pluie et le vent
Pour sa chère nichée,

Mère pleine d'égard,
Au choc de toute part.
Sous ses ailes, couchée,
Lui fait un doux rempart.
Mais, comme une fille d'Ève,
L'alouette a son défaut
Qui doit tourmenter son rêve
Plus que filet et gerfaut.

Si la chasse,
La menace,
La pourchasse
Sans espoir,
La coquette
Perd la tête
Quand reflète
Le miroir!

Adieu,
Chanteuse du bon Dieu,
Te voilà dans ce lieu,
Attendue,
Et perdue;
Un jeune chasseur va venir,
En essayant son tir,
T'en faire repentir!

Hte POULLAIN,

Membre titulaire.

L'AUTRUCHE

—

AIR : *Moi, je flâne*

C'est l'autruche,
Le sort me dresse une embûche;
C'est l'autruche,
Adviendra
Ce qui pourra!

Ce bipède à haute allure,
De sa race le géant,
Promène son encolure
Sous le ciel le plus brûlant.
Ce sujet assez aride
Me jette dans l'embarras,
Car, sous la zône torride
Il me faut porter mes pas!

C'est l'autruche, etc.

Larousse (1) me vient en aide;
Un fascicule nouveau
Nous apprend que ce bipède
Des oiseaux est le chameau.
Je crois ce que dit ce maître;
Cependant, l'autruche encor
Des oiseaux pourrait bien être
Aussi le tambour-major.

C'est l'autruche, etc.

Aux temps de la Grèce antique,
L'autruche avait nom *strouthos* (2),
Pour éviter la critique
Je me prive du pathos
Le beau sexe à son plumage
Doit un splendide ornement;
Il faut, quant à son ramage,
S'adresser au *truchement* (3).

C'est l'autruche, etc.

(1) Larousse, auteur de l'énorme dictionnaire qui porte son nom.

(2) Strouthos, latin CAMELUS et STRUTHIOCAMELUS.

(3) Truchement, INTERPRÈTE.

Son appétit est féroce ;
Elle absorbe bois, cailloux,
Et quelquefois fait la noce
Avec du verre et des clous.
Nos biches, la coqueluche
De vieux fats, leurs sots amants,
Ont un appétit d'autruche...
Pour l'or et les diamants !

C'est l'autruche. etc.

Sa structure que l'on raille
A quelque chose de fier ;
Sa force égale sa taille
Et sa vitesse fend l'air.
Sous les ardeurs du tropique
Elle court d'un pas altier,
Plus prestement qu'en Belgique
Court certain banqueroutier.

C'est l'autruche, etc.

Charles-Six, aux goûts bizarres,
Dit *Juvénal des Ursins* (1),

(1) Juvénal des Ursins, historien.

Recherchait ces oiseaux rares
Qu'il logeait dans ses jardins;
Et, pour comble de caprice,
Ce monarque hospitalier,
Avait mis à leur service
Un valet, dit *autruchier* (1).

C'est l'autruche, etc.

Où je la trouve coupable,
C'est de la voir, sous les feux
Du *Sahara,* dans le sable
Cacher ses œufs monstrueux;
Cette conduite équivoque
Lui fait retrouver, dit-on,
Souvent un œuf à la coque
Au lieu d'un jeune *autruchon* (2).

C'est l'autruche, etc.

Messieurs, ici je m'arrête,
Car vous pourriez, en effet,

(1) Dictionnaire Larousse.
(2) Dictionnaire Larousse.

Déclarer ma chansonnette
Plus longue que son sujet ;
Comme il faut être modeste,
Je mets à Pégase un frein.
Et vous fais grâce du reste,
En répétant mon refrain :

C'est l'autruche.
Le sort me dresse une embûche ;
C'est l'autruche,
Adviendra
Ce qui pourra !

A. SALIN,
Membre honoraire

LA BÉCASSE

—

AIR : *Ah! qu'il est doux de vendanger*

O bécasse, que me veux-tu ?
Avec ton bec pointu,
Ton corps de gris, de noir vêtu,
Quel désir te tracasse ?
Bécasse, que veux-tu,
Dis, que veux-tu, bécasse ?

Tu réclames une chanson,
    A titre de rançon?
Fichtre! entre nous, ton sans façon
    Me semble assez cocasse.
    Vraiment, quelle chanson
    Faire sur la bécasse?

Parlerai-je ici de ton chant?
    Plus plaintif que touchant,
Du cri de la chèvre approchant,
    Il énerve, il agace...
    Ne disons rien touchant
    Le chant de la bécasse!

Est-ce tes mœurs qu'il faut citer?
    Comment les présenter?
Faut-il être, pour les chanter,
    Ou Berquin ou Boccace?...
    Je ne puis rien citer
    Des mœurs de la bécasse.

Tu vis toujours au fond des bois;
    Ce n'est pas là, je crois,
D'inspirer ma muse aux abois
    Un moyen efficace :
    Comment sur mon hautbois
    Célébrer la bécasse?

Mais ton nom ne peut être omis;
   Qu'en vers il soit donc mis!
D'ailleurs, je suis de tes amis,
   Pourvu qu'on te fricasse;
   Oui, Dieu sait qu'en salmis
   J'adore la bécasse!

Comme gibier, mon cœur épris
   Te décerne le prix;
Bref, dans un dîner bien compris,
   Pour la chair, la carcasse,
   Même sur la perdrix
   L'emporte la bécasse.

Cette chanson, à ton sujet,
   Fut faite d'un seul jet;
Acceptes-en, ô tendre objet,
   Ici, la dédicace!
   Digne de son sujet,
   Elle est assez bécasse!

EUGÈNE GRANGE,

Membre titulaire.

LE BENGALI

—

AIR : *Muse des bois et des accords champêtres*

Sombre écumeur des plages africaines,
Le négrier emportait par les mers
Sa cargaison de victimes humaines,
Son bétail noir, chargé d'indignes fers.
De l'antre infect où veille la souffrance,
Comme un soupir dans l'espace affaibli,
Un chant suave a percé le silence :
C'était le champ du frêle bengali.

Ravi, comme eux, au ciel qui les vit naître,
L'oiseau captif semblait leur dire : « Espoir !
» Le sort barbare en vain nous donne un maître,
» Notre âme est libre et brave son pouvoir.
» Parfois, au sein d'une terre inclémente,
» De son malheur on peut goûter l'oubli.
» Pour vous parler de la patrie absente,
» N'aurez-vous pas le chant du bengali ? »

D'un fouet sanglant, souvent, si l'avarice
A   pauvre esclave arrachait quelques pleurs,

Du bengali la voix consolatrice
Dans un doux songe endormait ses douleurs.
De meilleurs jours entrevoyant l'aurore,
Il souriait... son rêve est accompli !
Il foule aux pieds sa chaîne, et mêle encore
De joyeux chants au chant du bengali.

Quand les vaincus, les proscrits de l'empire,
Dans la Guyane, accouplés aux forçats,
Ceux qu'en décembre un traître osa proscrire,
Succombaient tous en ces affreux climats,
Plus d'un martyr, vers la France qu'il aime
En gémissant tournait son front pâli,
Et pour adieux, à son heure suprême,
N'eut que le chant du frêle bengali.

Ce passereau, vivante fleur parée
Comme un joyau, des dons du créateur,
Qui chez les Grecs, de Vénus Cythérée
Eut embelli le cortège enchanteur,
Par ses ébats qu'il charme ma retraite;
Qu'à ses accents, mon luth vibre amolli !
Oh ! que ne puis-je atteindre, humble poète,
A la douceur des chants du bengali !

C. DEMEUSE,

Membre associé.

LA BERGERONNETTE

—

AIR des *Maris ont tort*

L'oiseau que je chante, mes maîtres,
Est un assez petit oiseau
De cent soixante millimètres ;
Mais, utile autant qu'il est beau,
Il vient en aide à son bourreau.
Car c'est le chasseur qu'il délivre
Du hanneton en son étui ;
Il vit en nous aidant à vivre,
Nous vivons en tirant sur lui.

La gentille bergeronnette
Passe l'hiver à l'étranger ;
Mais de sa patrie inquiète,
Sitôt qu'elle peut voyager,
Elle y revient d'un vol léger.
Elle revient toujours fidèle
Au laboureur qui la bénit,
Et, longtemps avant l'hirondelle,
Dans nos champs elle a fait son nid.

Jadis, le nom « Bergeronnette »
Nous disait : *Fille de berger ;*
Nous en avons fait *Bergerette*
Et *Bergère*, pour abréger,
Mais l'oiseau ne doit pas changer.
Son nom vient de ce qu'aux alberges, (1)
Retour des pays étrangers,
Il voltige le long des berges,
Et voltige autour des bergers.

Mais on m'assure qu'on l'appelle :
Hoche queue, et c'est, me dit-on,
Parce que fort longue et fort belle
Sa queue hoche... Est-ce une raison
Pour lui donner cet affreux nom ?
Hoche queue! il est malhonnête
De la traiter comme cela ;
Jamais une bergeronnette
N'a justifié ce nom-là.

On l'appelle encor *Lavandière,*
Mais sans aucun motif, je crois ;
Je sais qu'aux bords de la rivière,
Les lavandières d'autrefois
Tordaient leur linge, et que parfois

(1) Pêches précoces.

Elles allaient tordre en cachette
Le cou d'un amoureux... Oh! non,
L'innocente bergeronnette
Ne saurait leur devoir son nom!

Son caractère est pacifique,
On ne dit rien contre ses mœurs;
Sans être un oiseau politique,
Il est de toutes les couleurs,
Et sans rêver de jour meilleurs,
Incapable d'en changer, certes,
Les bergeronnettes d'ici
Sont grises, jaunes, blanches, vertes,
Mais jamais rouges, Dieu merci!

Enfin, de la bergeronnette,
Dois-je, en épuisant le sujet,
Parler, en cette chansonnette,
Des cinq ou six œufs qu'elle fait?
Oui, je les constate en effet;
Car, malgré toutes les conquêtes,
Qu'elles font d'instant en instant,
Nulle de nos bergeronnettes
N'est capable d'en faire autant!

CLAIRVILLE,
Membre titulaire.

LA BUSE

—

Air : *Tout le long de la rivière*

La buse, à mes yeux, sans raison,
Sert de point de comparaison.
On en fait un oiseau perfide,
Lâche, cruel, même stupide;
Enfin, c'est un triste animal
Au physique ainsi qu'au moral.
Pour aujourd'hui, cela plaît à ma muse,
De tous ces dédains je veux venger la buse,
Oui, je veux venger la pauvre buse !

Si du pinçon, dans les grands bois,
Elle n'a pas ta douce voix,
On lui doit un autre avantage :
Elle a de l'aigle le plumage,
Le vol hardi, le bec puissant,
La griffe rude et l'œil perçant.
Entre les deux, à part la corpulence,
Il n'est pas, je crois, beaucoup de dissemblance,
Il n'est pas beaucoup de dissemblance.

Elle est, dit-on, réellement
Susceptible d'attachement.
Primant le chien de Jean Nivelle,
Elle revient quand on l'appelle ;
Même, on prétend qu'au domino,
Elle surpasse Munito...
Pour un oiseau que si fort on maltraite,
Je ne trouve pas que cela soit si bête,
Je ne trouve pas cela si bête.

On reproche à cet animal
Un vice très original :
S'il aperçoit, par aventure,
Sur votre tête, une coiffure,
Il s'en saisit d'un coup de bec
Et lestement s'enfuit avec.
C'est qu'il sait bien, dans sa délicatesse,
Que l'homme envers lui, manque de politesse...
Oui, manque envers lui de politesse.

Il faut porter à son actif
Un attribut tout sensitif :
Pour ses enfants il est bon père,
A tel point que lorsque leur mère
A passé la barque à Caron,
Il les élève au biberon...

Ce procédé dépeint un caractère
Et peut se passer très bien de commentaire,
Il peut se passer de commentaire.

L'accuser de férocité,
C'est manquer à la vérité.
Si l'on savait que ce rapace
Dans nos vallons jamais ne chasse
Que la horde des destructeurs,
Il aurait moins de détracteurs;
Et l'on pourrait sans peine reconnaître
Qu'il a les vertus d'un bon garde-champêtre,
Les vertus d'un bon garde-champêtre.

Enfin, pourquoi, de parti-pris,
L'accabler de tant de mépris?
Quand Dieu, dans sa grâce profonde,
Donna l'existence à ce monde,
A la chimère : Égalité,
Il préféra l'Utilité.
Et c'est ainsi que chaque créature
A son rang marqué dans toute la nature,
A son rang marqué dans la nature !

LUCIEN MOYNOT.

Membre titulaire.

2.

LA CAILLE

—

AIR de *la Légère*

Petit oiseau, bon coureur,
Gras et fin gibier de plaine,
Que septembre nous ramène,
Chaud, lascif et querelleur,
Caille, ton cri satyrique
Est un avertissement;
A tout chasseur il indique
Qu'il doit payer forcément :
      Pay' ta dette!
      Pay' ta dette!
Chante la caille coquette,
      Pay' ta dette!
      Dit, répète
      Au chasseur
      L'oiseau moqueur.

Tel gommeux nous est offert,
Sans contrôle dans le monde,
Qui n'est riche qu'en faconde
Et de dettes est couvert.

De tous côtés le pourchasse
En paiement maint fournisseur ;
Même son habit de chasse,
Il le doit à son tailleur :
Pay' ta dette !
Pay' ta dette !
Chante la caille indiscrète ;
Pay' ta dette !
Sois honnête !
Le meilleur
Bien est l'honneur.

Parfois un riche, oubliant
Ceux que la misère enlace,
Sur son chemin, à la chasse,
Ne secourt un mendiant ;
Pendant que sous la grenaille
Tombe à foison le gibier,
Que n'écoute-t-il la caille
Plaintivement lui crier :
Pay' ta dette !
Pay' ta dette !
Au pauvre ouvre ta cassette !
Dieu te prête ;
Il rejette
Un opulent
Insolent !

Quand un mari, que l'ardeur
De chasse, au matin, travaille,
Laisse au lit une autre caille
Pleine, elle aussi, de chaleur,
Attendant le témoignage,
Assurément le plus doux,
Des devoirs du mariage,
La caille crie à l'époux :
     Pay' ta dette!
     Pay' ta dette
A ta femme en ta couchette!
     Voisin guette
     La pauvrette,
     Et l'amour
     Chasse à son tour!

Soldat, patriote ardent,
Toi, qui gardes l'espérance
Du jour futur où la France
Vengera Metz et Sedan,
Aux champs, rêvant la bataille
Où brillera ta valeur.
Entends la petite caille
Entretenir ton ardeur :
     Pay' ta dette!
     Pay' ta dette
A ton pays! Haut la tête!

Rien n'arrête
Qui s'apprête
A l'affranchir
Ou mourir !

Du Caveau le règlement
Exige que chaque membre.
Par mois, d'janvier en décembre,
Donne un' chanson en paiement.
J' manqu' souvent à ma promesse ;
En chass' je n'puis l'oublier,
Car la caille vengeresse
Me crie : allons ! chansonnier,
    Pay' ta dette !
    Pay' ta dette !
Fais chanson ou chansonnette !
    Ne répète
    Chanson faite ;
    Le Caveau
    Veut du nouveau !

A. VACHER,

Membre titulaire.

LE CANARD

—

AIR : *Eh ! non, non, non, vous n'êtes pas Ninette*

Sur un ton goguenard,
Sans que l'on me chicane,
De l'honnête canard
Puis-je vanter l'organe ?
    Couin, couin, couin, couin,
Du canard à sa cane,
    Couin, couin, couin, couin,
Voilà le baragouin !

Sa démarche, vraiment,
N'est pas plus agréable ;
Il roule pesamment,
Grave comme un constable.
    Couin, couin, couin,
De la mare à l'étable,
    Couin, couin, couin, couin,
Fouillant dans chaque coin.

S'il est mauvais marcheur
Et vite se fatigue,
Pour être bon nageur,
Que d'efforts il prodigue !
    Couin, couin, couin, couin,
Aussi, quand il navigue,
    Couin, couin, couin, couin,
Est-ce un Duguay-Trouin.

Dès le soleil levant,
Pour boire à la rivière,
Les canards vont devant
Et les canes derrière ;
    Couin, couin, couin, couin.
Braille la troupe entière,
    Couin, couin, couin, couin,
Quel affreux contrepoint !

Pour le canard, plonger
Au fond d'un bourbier même,
Longtemps s'y goberger
Avec celle qu'il aime,
    Couin, couin, couin, couin,
C'est le bonheur suprême.
    Couin, couin, couin, couin,
Faut-il qu'il soit sagouin !

Il gobe, en vrai glouton,
Toute espèce de chose,
Maints objets qui, dit-on,
Ne sentent pas la rose;
    Couin, couin, couin, couin,
D'eau sale il les arrose,
    Couin, couin, couin, couin,
D'eau claire, il n'en faut point!

Il voyage partout,
A Boston, à Marseille,
Quittant souvent, par goût,
Son gîte de la veille,
    Couin, couin, couin, couin,
Et déchirant l'oreille,
    Couin, couin, couin, couin,
Du Russe ou du Bédouin.

Très porté sur l'amour,
A sept ou huit femelles,
Sept ou huit fois par jour,
En se rapprochant d'elles,
    Couin, couin, couin, couin,
Il peut offrir ses ailes,
    Couin, couin, couin, couin,
Et le reste au besoin.

Mais par le bout du né,
Le canard, comme l'homme,
Par ses canes mené,
Irait jusques à Rome;
    Couin, couin, couin, couin,
Dans son ménage, en somme,
    Couin, couin, couin, couin,
Il a bien du tintouin.

Lorsqu'il a trop fêté
L'amour, il se déplume;
Chez nous, en vérité,
C'est aussi la coutume :
    Couin, couin, couin, couin,
Toujours la beauté plume
    Qui n'a pas soin
De s'arrêter à point.

MONTARIOL,

Membre titulaire.

LE CHARDONNERET

La mauvaise santé et la vue affaiblie de notre bon carade POINCLOUD ne lui ayant pas permis de comp[e]
sa chanson du *Chardonneret,* nous la remplaçons
le huitain suivant :

> On prétend que, suivant l'usage,
> Le chardonneret chante mieux
> Lorsque, pour le tenir en cage,
> Tout jeune on lui crêve les yeux.
> D'un homme il n'en est pas de même;
> Depuis que les siens sont perclus,
> Renonçant au Caveau qu'il aime,
> POINCLOUD, hélas! ne chante plus!

J. LAGARDE,
Membre honoraire.

LE CONDOR

—

AIR : *Le beau Lycas aimait Thémire*.

Lorsqu'ici, par chaque personne,
Un oiseau doit être chanté,
Quoi! c'est le condor qu'on me donne!...
Est-ce une personnalité?
Me donner un oiseau de proie...
J'aurais mieux aimé chanter l'oie;
J'aurais trouvé de ces mots qui
Eussent fait dire : « C'est bien lui! »
Que ne m'a-t-on donné pour thême
L'aigle, le serin; le butor;
J'aurais trouvé le faucon même
Beaucoup moins dur que le condor!

Mais enfin, puisqu'il me faut faire
Une chanson sur ce sujet,
Vite, ouvrons mon dictionnaire,
Et voyons ce qu'un *condor c'est* :

« C'est un vautour des plus immenses,
» Dont le mâle a deux excroissances
» Que n'a pas la femelle. » Eh bien !
Cela ne me surprend en rien.
On prétend que plus d'un mesure,
Quand dans l'air il prend son essor,
Huit pieds neuf pouces d'envergure ;
J'aimerais voir ce grand condor.

Mais mon livre dit que, peut-être,
Il fut encor bien plus grand ; car
Le condor jadis pouvait être
Le grand roc de Madagascar.
Oui, ces grands rocs qui sur leurs ailes
Portaient au ciel les infidèles,
Ces rocs qui portaient aux houris,
Les Turcs des *Mille et une Nuits*,
C'était des condors, et j'ajoute
Que c'est très naturel encor ;
Car c'est au paradis, sans doute,
Que l'on doit aller à condor.

De Lénor je fis connaissance,
Nous trouvant au jardin du roi ;
Certes, jamais pour l'innocence,
Lénor n'a posé devant moi ;

Mais nous étions devant la cage
De cet oiseau triste et sauvage ;
Elle me demanda son nom ,
Je lui montrai l'inscription.
Et jamais, je me le rappelle ,
Je ne vis tant rougir Lénor...
Pourquoi donc une demoiselle
Rougit-elle en lisant : « Condor ? »

Que de joyeuses anecdotes
Causa cet oiseau dangereux !
Combien j'en ai vu de cocottes
Conduire là leurs amoureux !
Et cet oiseau les faisant rire ;
Un jour, à l'un d'eux j'ai ouï dire :
« Que j'aime de ce substantif
» L'adjectif qualificatif ! »
Eh ! puis, se tournant vers sa belle :
« Que n'as-tu semblable trésor ! »
— « Imbécile, répondit-elle ,
» Et que ferais-tu d'un condor ? »

Il est vrai que chez un jeune homme
Un tel oiseau ferait fort mal ,
A moins qu'il ne s'en servit comme
D'un enseignement tout moral ,

Pour dire : « La fille de joie
» Est un semblable oiseau de proie,
» Qui, dans la chambre d'un garçon,
» Le déchiquette à sa façon.
» Elle perd les corps et les âmes,
» Elle vide les coffres-forts... »
Pour dire enfin qu'il est des femmes
Qu'on peut appeler des condors.

Sur cette morale sévère
Qui doit anoblir mon sujet,
Je m'arrête, et vide mon verre,
En homme calme et satisfait.
Je me dis : « Ma chanson est faite,
» Elle pouvait être plus bête,
» Mais ne pouvait, en vérité,
» Montrer plus de moralité.
» Quand un condor est notre thême,
» Un couplet... on s'en tire encor;
» Mais, sans faiblir, sept fois de même,
» Peut-on rester sur un condor ? »

CLAIRVILLE,

Membre titulaire.

LE COQ

—

AIR de la *Ronde des Zouaves*

J'aime le coq : il est vaillant,
De bravoure c'est un modèle ;
Du poulailler roi vigilant,
A son devoir il est fidèle.
Écoutez, redit par l'écho,
Ce cri plein d'une ardeur touchante :
Cocorico ! cocorico !
Voilà, voilà le coq qui chante !

Allons, debout ! voici le jour,
Ouvrier que l'outil réclame,
Paysan qu'attend le labour,
Mari qui dors près de ta femme !
Peu partisan du statu quo,
Dès que paraît l'aube vermeille,
Cocorico ! cocorico !
Voilà le coq qui vous réveille !

Pour ses poules, comme un pacha,
Il est galant, plein de tendresse,
Leur donne le grain qu'il chercha,
Et tour à tour il caresse.
Si l'une s'écarte, — illico
Il court, il cherche, il se démène,
Cocorico! cocorico!
Puis, sans la battre, il la ramène.

S'il n'est ni méchant, ni brutal,
Il est rempli de jalousie;
Aperçoit-il quelque rival,
Rien n'égale sa frénésie.
Il fond sur ce joli coco,
Et son chant tout d'amour naguère,
Cocorico! cocorico!
Devient soudain un cri de guerre.

« Bon coq, dit-on, n'est jamais gras; »
Je connais cette règle expresse;
Cependant il est certain cas
Où le coq forcément engraisse.
En amour, alors, quel fiasco!
Ce Cid ne fait plus pour Chimène
Cocorico! cocorico!
Ce n'est plus qu'un chapon du Maine!

Comme les Chinois, les Anglais
Des combats de coqs ont la rage;
Pour ces jeux — que je trouve laids —
Chacun excite leur courage.
Les trompettes de Jéricho
Moins bruyamment, jadis, glapirent..
Cocorico! cocorico!
Voilà les coqs qui se déchirent!

A coups de becs et d'éperons,
Sous les yeux charmés de la foule,
Ils combattent en vrais lurons;|
Leurs plumes volent, leur sang coule...
Mais, vaillant comme feu Banquo,
Et laissant la peur aux poulettes,
Cocorico! cocorico!
Ils expirent en fiers athlètes.

Les Grecs, pour payer un tribut
A la valeur qui l'aiguillonne,
Du coq avaient fait l'attribut
Et du dieu Mars et de Bellonne,
L'Olympe est un peu rococo;
Mais au coq il serait dommage,
Cocorico! cocorico!
De ne pas rendre cet hommage.

Faut-il parler du coq gaulois?
Ce cliché-là me fait sourire;
L'erreur vient de ce qu'à la fois
Gallus coq et gaulois veut dire.
Mais nos troupiers l'ont, au shako,
Porté naguère avec vaillance;
Cocorico! cocorico!
Le coq symbolise la France!

EUGÈNE GRANGÉ

Membre titulaire.

LE CORBEAU

—

AUX MEMBRES TITULAIRES DU CAVEAU

—

AIR : *Non licet omnibus adire Corinthum*

Vous me répudiez; est-ce mon noir plumage
Qui m'enlève l'honneur de vous voir me chanter?
Si j'ai l'aspect sinistre, illustre aréopage,
J'ai quelques qualités que l'on pourrait vanter,

Pour les faire valoir, il faut qu'un membre libre
Affronte du Caveau l'appréciation,
Et dans son faible esprit, trouve un accent qui vibre,
Pour défendre à vos yeux l'hôte de Montfaucon.

Pourquoi me préférer le pierrot, l'oiseau-mouche,
L'autruche, l'émouchet, le canard, le dindon,
Rouge-gorge, perdrix, bécasse et gobe-mouche,
La buse, le condor, la grue et le héron,
La mouette, le geai, le cul-blanc, l'hirondelle,
Faucon, vautour, faisan, la poule, le pigeon,
Le pivert, le serin, l'oie et la tourterelle?
Chacun d'eux ne vaut pas l'hôte de Montfaucon.

Cardinal, roitelet, grive, caille, fauvette,
Pinson, paon, sansonnet, merle, cigogne, hibou,
Pélican, perroquet, rossignol, alouette,
Pie et martin-pêcheur, chardonneret, coucou,
Cygne, aigle, coq, phénix, malgré tout leur mérite,
Me sont inférieurs pour faire un bon bouillon;
Mésange et bengali, dedans une marmite,
Vous ne vaudrez jamais l'hôte de Montfaucon.

Je viens de vous citer la phalange nombreuse
Des différents oiseaux, qu'ici vous célébrez;
Vous me croyez bavard, et d'humeur querelleuse,
Je suis meilleur au fond que vous ne supposez.

Vantant mon dévouement, l'immortel fabuliste
En moi ne flagella que la prétention ;
D'amour-propre, dupés, si vous dressiez la liste,
Vous excuseriez tous l'hôte de Montfaucon.

Quand renaît le printemps, avec ses fruits, ses roses,
Je ne reste pas là, pour attrister les yeux ;
Laissant les champs, les bois à leurs métamorphoses,
Je m'en vais dans le Nord, vivre sous d'autres cieux.
Dès que paraît l'hiver, comme une sentinelle,
Je reviens protéger la nouvelle moisson ;
Pour chasser le ver blanc, confiant en mon zèle,
Le laboureur bénit l'hôte de Montfaucon.

Lorsque les conquérants, avides de puissance,
Ont déclaré la guerre à des peuples voisins,
Ils ont semé la mort, le deuil et la souffrance,
C'est tout ce qu'ont produit leurs combats inhumains.
Jour de gloire pour l'un, pour les autres funeste,
La honte est aux vaincus, aux vainqueurs le renom ;
Mais ces exploits fameux engendreraient la peste,
Si Dieu n'avait créé l'hôte de Montfaucon.

EUGÈNE GARRAUD,

Membre libre.

LE COUCOU

—

AIR : *Mon galoubet*

C'est le coucou
Qu'aujourd'hui le hasard me donne ;
Déjà l'on me dit : casse-cou !
Quel est ce chanteur monotone ?
     — Je suis coucou.

     — Bonjour, coucou,
Que fais-tu là dans le feuillage ?
Tu te caches, je ne sais où ;
Explique-moi donc ton langage !
     — Je suis coucou.

     — Vilain coucou,
Quand au travail chacun s'empresse,
On ne saura jamais jusqu'où
Va ton amour de la paresse...
     — Je suis coucou.

     — Heureux coucou,
Tu peux, si ton cœur le commande,

Aller de Paris à Moscou
Sans toucher la terre allemande,
   — Je suis coucou.

   — On dit, coucou,
Que par le sans-gêne tu brilles,
Qu'au hasard tu vas comme un fou
Pondre dans les nids que tu pilles,
   — Je suis coucou.

   — Et puis, coucou,
Tu laisses, sans plus de scrupules,
Cet œuf, ton unique bijou,
Aux soins des fauvettes crédules,
   — Je suis coucou.

   — Méchant coucou,
Tu vis errant et solitaire,
Egoïste comme un hibou,
Mauvais voisin et mauvais père,
   — Je suis coucou.

   — Adieu, coucou,
Ton chant ne peut plus me séduire :
Sur terre j'en connais beaucoup,
Qui comme toi peuvent bien dire :
   « Je suis coucou. »

GUSTAVE NADAUD,
Membre honoraire.

LE CUL-BLANC

—

AIR : *A genoux devant le soleil*

Le grand Buffon, dans son histoire,
Ne parle pas de cet oiseau;
Et, cependant, il est notoire
Qu'il est fort loin d'être nouveau.
Le père Adam, la chose est sûre,
Certain jour, en se réveillant,
Vit le premier, sur la verdure,
Folâtrer cet oiseau charmant.

Bien plus petit que la bécasse,
Il est tout gris, sauf un endroit;
C'est quand il ne nous fait pas face
Que seulement on l'aperçoit.
Et voilà pourquoi le vulgaire
L'a si drôlement baptisé
De ce nom dont en Angleterre
On serait très scandalisé,

Il craint toute atteinte perfide
Et s'effarouche au moindre bruit;
Mais, si le jour il est timide,
Il est moins sauvage la nuit.
Le prendre est chose difficile,
Il fuit lorsqu'on veut l'approcher;
Cependant il devient docile
Dès qu'on a pu le dénicher.

Mais il faut voir comme il s'affole
Quand vient la saison des amours;
Dans les roseaux, joyeux, il vole,
Sans craindre la main des autours.
Lors, à l'instinct de la nature,
Rempli d'ardeur il obéit;
Rien n'est plus chaud, je vous l'assure,
Que le fond de son petit nid.

Du rossignol, de la fauvette,
Il ne possède pas la voix;
On dit cependant qu'en cachette
Il vocalise quelquefois.
C'est presque là de l'égoïsme;
Ainsi chanter est un non sens,
Quand il exalte son lyrisme,
Autant en emportent les vents!

Ils sont communs en Angleterre
Et dans tous les pays du Nord;
Quant aux culs-blancs que l'on préfère,
Ce sont ceux de France d'abord.
Ils sont très rares en Asie,
On en voit peu dans le Soudan,
Et jamais en Éthiopie
On n'a rencontré de cul-blanc.

Quiconque en retient un en cage,
Doit le surveiller nuit et jour;
Il est malin, il est volage,
On connaît de lui plus d'un tour.
On l'aime tant qu'on en est bête,
Du moins, cela se voit souvent;
Et si jamais on ne le prête,
Dieu sait parfois ce qu'il se vend.

Sa chair est délicate et tendre,
C'est un gibier très estimé;
Tout chasseur, on doit le comprendre,
A sa poursuite est animé.
On sait qu'il n'éprouve aucun charme
A tirer sur un moineau franc;
Mais, comme il apprête son arme,
Dès qu'il aperçoit un cul-blanc!

Quand vient l'âge de la vieillesse.
On n'a plus de poudre à brûler;
Alors la force nous délaisse,
En chasse il nous faut reculer.
De notre esprit, parfois la sève
Peut conjurer l'effet des ans;
Mais l'on ne poursuit plus qu'en rêve
Et rouges-gorges et culs-blancs.

ÉDOUARD GRANGER.

Membre associé.

LE CYGNE

—

AIR : *Suzon sortait de son village*

Sur l'onde qu'il agite à peine
Voyez cet oiseau nonchalant;
Admirez sa mine hautaine,
Son long col, son plumage blanc,
Sa tête altière
Qui semble fière

Aux curieux de montrer sa beauté,
  Et la noblesse,
  Et la souplesse
Des mouvements de son corps velouté.
 Quand il apparaît noble et digne,
 On se sent ému malgré soi;
 Des eaux il semble être le roi :
 Cet oiseau c'est le cygne !

 Une légende poétique
 Nous dit que le cygne expirant
 Célèbre sa mort en musique;
 C'est une fable, on le comprend.
  Sa voix touchante
  Quelquefois chante,
C'est vrai, mais c'est pour fêter ses amours;
  Ce vieil adage,
  Comme une image,
Reste pourtant, et l'on dira toujours
 D'un homme (ici je le souligne)
 Grand par sa plume ou ses pinceaux,
 En citant ses derniers travaux,
 Que « c'est le chant du cygne! »

 On dit, caché sous son plumage,
 Que Jupiter surprit Léda,

Et qu'aux désirs du dieu volage
Sous cette forme elle céda.
C'est bien possible ;
Léda sensible
Dût se laisser entraîner doucement,
Lorsque sur elle
Pesa son aile,
Quand, sur son sein, son beau cou tendrement
Implora la faveur insigne
De goûter l'amour dans ses bras...
Vraiment, elle ne pouvait pas
Se méfier d'un cygne !

Il se plaît dans les solitudes
Du Nord, et ne fuit ses frimats
Que lorsque des froids par trop rudes
Le chassent vers d'autres climats.
Mais en Espagne,
En Allemagne,
En Italie, en France, n'importe où,
Auprès de l'homme,
Fort bien, en somme,
Quand on lui fait une vie à son goût,
Sans peine à vivre il se résigne ;
Mais il lui faut la liberté,
Car jamais en captivité
Ne peut vivre le cygne.

Il a le courage et la force,
Comme la beauté, la douceur;
Car si l'aigle à lutter le force,
Souvent il en reste vainqueur.
Il a vaillance,
Intelligence,
Et longue vie (il dépasse cent ans);
Ce palmipède
Enfin possède
Ce que voudraient posséder bien des gens.
On comprend que Dieu le désigne
A régner sur tous les oiseaux
Qui de ce monde ornent les eaux,
Lorsque l'on voit le cygne!

L. JULLIEN,

Membre titulaire.

LE DINDON

AIR : *C'est un Enfant*

Air important et ridicule,
Trottinant d'un pas nonchalant,
Dressant sa rouge caroncule
Qui sous son bec vient s'étalant;
    Dès qu'il se courrousse
    Roulant l'œil, il glousse,
Batailleur comme un myrmidon :
    C'est le dindon.

AIR : *Complainte de Gabriel de Vergy*

Originaire d'Amérique
Qu'on nommait Inde en ce temps-là,
Nous le devons, point historique,
Aux fils gourmets de Loyola.
C'est un oiseau de vieille roche
Bien plus encor que le Pont-Neuf,
Car le premier fut mis en broche
Aux noces du roi Charles-Neuf.

AIR : *Où s'en vont ces gais Bergers?*

Par quelle fatalité,
　　Volatile qu'on aime,
Es-tu, de stupidité,
　　Pris pour vivant emblême?
Subis-tu, bon gré, mal gré,
　　L'effet de l'esclavage,
Toi qu'on dit si fier, si déluré,
　　Dans ton état sauvage?

AIR : *Ma Belle est la belle des belles*

La femelle tendre, rêveuse,
Constante, fidèle en amour,
Est la plus aimante couveuse
Des volailles de basse-cour.
Ainsi, lorsqu'il entend Clorinde
Anonner un turlututu,
Si le public dit : quelle dinde!
Il lui donne un prix de vertu.

AIR : *Rondeau de Renaudin de Caen*

De hachis, de truffes rempli,
Le dindon, classé dans les vivres,

Pèse de douze à vingt-cinq livres;
C'est un poids déjà fort joli.
D'un vin généreux, délectable,
Arrosez-le; s'il est placé
Non sur, mais autour de la table,
Ce poids est toujours dépassé.
Son plumage devenu frac,
Sa caroncule de batiste,
Sa chaîne d'or, son améthyste,
Tout son être dit : j'ai le sac.
Il se pavane, il fait la roue;
Pour lui soutirer quelque don,
Grue ou parasite, on s'enroue
A crier : Vive le dindon!
N'accordant jamais que *zéro*
Au bien qui se cache dans l'ombre,
Il est humain pour être au nombre
Des noms inscrits au *Figaro*.
Dans les coulisses de la Bourse
Et dans celles de l'Opéra,
L'encens pour lui coule de source,
C'est à qui le dindonnera.
Son lot est d'être dindonné;
Plus chez la biche on le dindonne,
Plus à l'ivresse il s'abandonne,
Nul n'est si content d'être né.
L'or gonflant son porte-monnaie

Lui glisse à travers les ergots;
Buvons frais! c'est monsieur qui paie!
Vins des hauts crûs, coulez à flots!
De par Bacchus et Cupidon
Venez régaler nos oreilles,
Glouglous enivrants des bouteilles,
Glouglous amoureux du dindon!

AIR : *L'Amour est enfant de Bohême* (CARMEN)

Le dindon, tant son âme est fière,
Prétend qu'on devrait le hucher,
En place du coq de saint Pierre,
Sur l'aiguille du haut clocher.
A ce grand et public hommage
J'ai, dit-il, les droits les plus clairs;
A la ville, comme au village,
C'est mon nom seul qui fend les airs.
Hé, dig, din, don, la cloche tinte,
Hé, dig, din, don, c'est le bourdon
Qui semble au vent jeter la plainte,
Jeter la plainte du dindon!

EUGÈNE MOREAU,

Membre titulaire, Président.

4

L'ÉMOUCHET

—

AIR : *J'ai un Pied qui r'mue*

— Ah! dit's moi, qui vous a donné
Le mot qui vous est destiné?
    — Monsieur, c'est l'Caveau;
      Loin qu'ça m'plaise,
      J'suis mal à l'aise.
    Monsieur, c'est l'Caveau
Qui m'fait chanter c'vilain oiseau!

    Pour moi quel déchet!
      Ça m'tracasse
      Et ça m'agaçe,
    Pour moi quel déchet
D'avoir pincé l'émouchet!

AIR de la *Complainte de Fualdès*

J'ouvre mon dictionnaire,
Pour prendre un renseignement;
C'était agir prudemment,
Car j'y trouve (et ça m'éclaire)

Que c'*masculin singulier*
Est le mâle de l'épervier.

AIR : *La bonne Aventure ô gué*

Buffon dépeint l'épervier,
　　La chose est très sûre ;
Afin de l'étudier,
　　J'en fais la lecture.
Bon ! j'y vois que l'*tiercelet*
Est surnommé le *mouchet*.
　　La bonne aventure,
　　　　O gué !
　　La bonne aventure !

AIR du *Mirliton*

Cet oiseau, par son plumage,
Est bien loin d'être joli ;
Et quel drôle de ramage :
Il fait pli, pli, pli, pli, pli !
Son cri vous fait de la peine,
Car il vous module un son,
　　Comme un mirliton,
　　Mirliton, mirlitaine
　　Comme un mirliton
　　　　Don don !

AIR : *Allons Chasseur vite en campagne*

Très commun sous le ciel de France,
On le trouve en chaque canton,
Tonton, tonton, tontaine, tonton,
Et bien loin d'aimer l'abstinence,
Cuvier dit qu'il est très glouton,
   Tonton, tontaine, tonton.

AIR : *Donnez-vous la peine d'attendre*

Au bois d'Meudon, sous des ormeaux,
Prenant l'air avec ma compagne,
Hier, j'aperçus des moineaux
Qui voltigeaient dans la campagne ;
Ils évitaient un trébuchet
Qu'on avait placé sur l'herbette ;
Lorsque survint un émouchet,
   Eh ! dam ! l'émouchet
     Les mouchait,
Afin de faire la dînette.

AIR : *A la façon de Barbari*

Monsieur Buffon ne s'trompe pas,
   Alors qu'il nous assure

Que c'volatile à ses repas
    Prend beaucoup d'nourriture;
Chasseur adroit, c'rusé larron
La faridondaine, la faridondon,
  Des passereaux s'montre l'ami,
        Biribi,
  A la façon de barbari,
      Quel salmi !

AIR : *Petits Oiseaux, baisez-vous*

Dans les airs ce trouble joie
S'élève légèrement ;
Puis sur sa tremblante proie
Il s'abat subitement.
Agissez avec prudence
Et redoutez son courroux,
Quand cet ennemi s'avance,
Petits oiseaux .. sauvez-vous !

AIR : *Comment trouv's-tu l'bouillon ?*

On dit qu'il s'apprivoise
Assez facilement,
Mais qu'généralement,
Quoique d'humeur sournoise,

4.

Cet oiseau destructeur
Possède un air moqueur;
Quand cet ailé vampire
Égorge un oisillon,
Il a l'air de lui dire :
« *Comment trouv's-tu l'bouillon?* »

AIR : *Arlequin cruello*

Chasser toujours, voilà son lot;
   A défaut d'alouettes
Il mange très bien du mulot,
   Des pierrots, des fauvettes.
Il fricote aussi du pinson
Du reptile, du colimaçon
   Et de la tourterelle;
Tous ces détails sont attestés
Par Buffon... Si vous en doutez,
     Prenez,
     Lisez
   L'histoire naturelle !

H. FÉNÉE,
Membre associé.

LE FAISAN

—

AIR de *la Pipe de tabac*

Nudipède au brillant plumage,
Dont le paon serait envieux.
Daigne accueillir le faible hommage
D'un membre du Caveau, bien vieux,
Qui pour toi n'a plus que ses yeux.
Noble port et fière démarche
Te donnent un air de sultan,
Et. par lui, distingué dans l'arche,
Tu sus plaire à Noé, faisan!

Poursuivre dans leurs phalanstères,
Pour en délivrer un pays,
Chacals, tigres, lions, panthères,
De l'homme mortels ennemis,
A cette chasse j'applaudis:
Mais te tuer, toi, belle bête,
Dont je suis le chaud partisan,
Et cela pour nous faire fête,
Je trouve que c'est mal, faisan!

Qu'un repas soit simple ou splendide,
On te fait bon accueil partout;

Ta chair délicate et sapide,
Tendre, sublime et de haut-goût,
Au gastronome plaît surtout.
Il l'aime à tel point qu'il s'en bourre,
D'un vieux bourgogne l'arrosant;
Et, quand son palais te savoure,
Il trouve que c'est bien, faisan !

Ton humeur, je ne puis le taire,
N'est pas aimable tous les jours;
Très vif, dit-on, de caractère,
Tu bats, hors du temps des amours,
Les poulettes des alentours.
Ces mœurs ne sont pas très gentilles,
Mais comme enfin, convenons-en,
Ce sont de pures peccadilles,
Je ne suis pas contre, faisan !

Je termine ici ma harangue,
Dans la crainte de t'ennuyer;
En latin (sais-tu cette langue ?)
Perché sur un cacaoyer,
Dis-moi si j'ai pu t'égayer,
Ou si je t'ai rendu morose ?
N'épargne pas ton courtisan;
Je ne demande qu'une chose:
C'est un simple *satis*, faisan !

JULES-JUTEAU,
Membre honoraire.

LE FAUCON

—

AIR de *Philoctète*

En vérité, je vous le dis sans fard,
Quand du faucon j'entreprends l'épopée,
J'aurais voulu voir, plus émancipée,
Ma muse ici du vrai faire la part;
J'aurais voulu que ce thême agréable
Fut égrillard, enjoué, vif et gai;
A mon avis, rien n'est beau que le vrai,
Boileau l'a dit : Le vrai seul est aimable!

AIS : *Allez-vous-en, Gens de la noce*

N'ayant pas le mot qu'on désire,
Il faut garder celui qu'on a;
Aussi je garde, sans mot dire,
Celui que le sort me donna :
C'est le nom d'un oiseau rapace,
Ornithivore, audacieux,
Diurne, ardent et belliqueux,
Qu'on dressait jadis pour la chasse
Des grands seigneurs, nos bons aïeux.

AIR

Noble en son allure,
Superbe envergure,
Vif et pétulant,
L'œil étincelant,
Vigueur, hardiesse,
Courage et souplesse,
Nerveux du jarret :
Voilà son portrait.

Toujours planant dans l'air,
Sans cesse avide,
Agressif, intrépide,
Hardi, rapide et fier,
Sur sa victime il fond comme l'éclair.

AIR de *Calpigi*

On chasse partout à la ronde,
Depuis Nemrod, dans ce bas monde.
Jadis les faucons, les gerfauts,
Livraient les plus sanglants assauts
Aux hérons, faisans et perdreaux.
Dans les vallons et dans les plaines,
Pour l'agrément des châtelaines,
Le faucon, en réalité,
Puisqu'il servait à la beauté,
Devait avoir un bon côté.

AIR de *la Double Chasse*

Quand un seigneur, dans son domaine,
Partait pour la chasse au héron,
Tonton, tonton,
Tontaine, tonton,
Le faucon de la châteleine
Était couvert d'un chaperon,
Tonton, tontaine,
Tonton !

AIR : *Une Fille est un Oiseau*

Privé de ce chaperon
Qui s'étendait sur sa vue,
Il s'élançait dans la nue
Et planait sur le héron ;
Bientôt, grâce à sa souplesse,
A sa ruse, à sa finesse,
Un instant, avec adresse,
Semblait fuir, moins affermi ;
Soudain, faisant volte-face,
Il immolait, plein d'audace,
D'un seul coup son ennemi.

AIR : *On dit que je suis sans malice*

Au bois, lorsque la tourterelle
Roucoule à son amant fidèle

Son allégresse et son désir,
Ces doux préludes du plaisir,
Ce bourreau vient, sans procédure,
Et des amants fait sa pâture ;
Car le faucon sera toujours
Le trouble-fête des amours.

AIR : Vaudeville de *Madame Favart*

Au temps heureux du moyen âge,
Chasser au faucon, toutefois,
N'était un plaisir en partage
Que pour les princes et les rois ;
Aujourd'hui, par la République,
Que d'usages sont renversés !
La chasse autrement se pratique :
Ce sont les rois qui sont chassés.

AIR : *Aussitôt que la Lumière*

En guerre, en amour, en chasse,
Constatons un fait acquis :
C'est que chacun se pourchasse
A présent comme jadis.
Avec plus ou moins d'audace,
L'homme obéit au destin ;
Mais toujours, toujours il chasse
Sur les terres du voisin.

AIR : *Femmes, voulez-vous épouser*

Ainsi que chez l'homme, il ressort
Chez les oiseaux ce fait notoire :
C'est que la raison du plus fort
Leur paraît la plus péremptoire ;
Car, dans leurs puissants appétits,
Depuis l'aigle jusqu'à la grive,
Les grands dévorent les petits....
Afin que tout le monde vive.

AIR de *la Double Chasse*

La chasse au vol n'est plus commune,
On ne se sert plus du faucon,
Tonton, tonton,
Tontaine, tonton !
On chasse aujourd'hui la fortune,
Pour voler d'une autre façon,
Tonton, tontaine,
Tonton !

AIR : *Je loge au quatrième Etage*

Cependant, cet oiseau de proie,
Qui chez nous est en défaveur,
A du mérite et fait la joie,
Au Liban, du peuple chasseur,
Si j'en crois certain vóyageur ;

5

Au sol brûlant de la Syrie,
Où le gibier est peu fécond,
On fait encor, comme en Turquie,
Chaque jour, la chasse au faucon.

AIR : *les Anguilles, les jeunes Filles*

N'étant point ornithologiste,
Je m'arrête, car au besoin,
Du faucon le mot fantaisiste
M'entraînerait beaucoup trop loin.
En quelques mots je le résume :
A quoi bon se nourrir de son ?
Trop peu d'esprit vient sous ma plume
Et je finis là ma chanson.

MOUTON-DUFRAISS
Membre titulaire.

LA FAUVETTE

—

AIR de *Ben Tayoux*

Parmi les passereaux qu'on aime et qu'on adm
O fauvette, pourquoi ton nom rappelle-t-il

A tous un mot joyeux, au poète un sourire ?
Que ta grâce est puissante et ton charme subtil !
Ta robe est sans éclat, modeste est ta parure ;
Mais, parmi les splendeurs que Dieu nous révéla,
Ton chant est un écho de la douce nature,
Tu gazouilles gaîment .. Tes charmes... les voilà !

Gazouille, ma fauvette, en ton joyeux langage,
Du calme et du bonheur reste le messager !
　　Ta voix anime le feuillage,
　　Ton chant est l'âme du verger.

La gaîté, la gaîté, ce baume de la vie,
Tout ce qui la rappelle est toujours bienvenu.
C'est le plus doux trésor que la haine et l'envie
Voudraient en vain atteindre et n'ont jamais connu.
O gaîté, tu souris à l'être sans malice
Qui jamais n'oublia l'amour et ses douceurs,
D'un cœur loyal et pur ta présence est l'indice ;
La fauvette en chantant te sème dans les cœurs.

Gazouille, ma fauvette, en ton joyeux langage, etc.

Méthodique et bruyant, le rossignol, ton frère,
Prolonge lentement ses sons au vif éclat ;
Il n'a pas comme toi la note familière,
Ni ton gazouillement léger et délicat.

C'est le ténor pompeux à la brillante note,
Arrachant des bravos aux auditeurs ravis.
Nos cœurs sont par tes chants et ceux de la linotte
Tendrement satisfaits, sans en être assouvis.

Gazouille, ma fauvette, en ton joyeux langage, etc.

Le rossignol se tait, sa famille arrivée,
Ce chantre du printemps laisse dormir sa voix,
Pour chercher la pâture à sa tendre couvée;
Toi, tu chantes toujours aux vergers comme aux bo
Vous êtes tous charmants, vous chantez, c'est tout di
Vous inspirez l'amour aux hommes comme aux fleu
A vos accents joyeux le poète s'inspire,
Pour chanter à son tour, ou la joie ou les pleurs.

Gazouille, ma fauvette, en ton joyeux langage,
Du calme et du bonheur reste le messager!
      Ta voix anime le feuillage,
      Ton chant est l'âme du verger.

Alfred LECONTE,
Membre associé.

LE GEAI

—

AIR de *La Ronde des Zouaves*

L'ami VIGNON nous fait défaut,
Et, pendant qu'il sténographie, (1)
Du geai, qu'il délaisse, il me faut
Fredonner la biographie.
Je suis assez mal partagé :
Le sort m'a donné la mouette,
    Et puis GRANGÉ
    M'offre le geai,
Vrai, *ce n'est pas chant d'alouette !*

Entre la pie et le corbeau
Le geai nous vient en ligne droite ;
Il est plus gai qu'eux et plus beau,
Car sur lui le soleil miroite.
Son bec épais est allongé ;
Sa plume a de bleuâtres taches ;

M. VIGNON est sténographe à l'Assemblée nationale.

Enfin le geai,
Enfin le geai,
Ainsi que l'homme, a des moustaches.

Comme la pie il est voleur,
Il cache ses larcins comme elle.
L'homme n'est pas toujours meilleur,
Témoin la Correctionnelle.
De par La Fontaine jugé,
Des plumes du paon s'il s'empare,
Comme le geai,
Comme le geai,
D'esprit d'autrui le sot se pare.

L'homme borne son horizon,
Il languit entre pierre et plâtre;
Le geai, dans l'air et le buisson,
Promène son humeur folâtre.
Dans les forêts, jadis logé,
L'homme gardait fière sa fibre :
Comme le geai,
Comme le geai,
C'est qu'il vivait heureux et libre!

Le geai, vrai perroquet français,
Sait imiter tous les ramages;
Il a parfois plus de succès

Que le rossignol des bocages.
C'est ainsi, j'en suis affligé,
Quand l'inventeur meurt de misère,
    Comme le geai,
    Comme le geai,
Que son imitateur prospère.

Oiseau chéri du savetier,
Le geai s'acclimate en son bouge,
Pour peu qu'en sa cage d'osier
On pende un petit ruban rouge.
Là, par son maître, encouragé,
S'inspirant de l'ardeur française,
    Souvent le geai,
    Souvent le geai,
Fait résonner *la Marseillaise!*

Quand dans l'air on voyagera,
Comme Nadar nous le présage,
Du vieux monde on arrachera
Les frontières et l'esclavage.
Si le sol ainsi dégagé
Porte encor la haine et l'envie,
    Comme le geai,
    Comme le geai,
Je prendrai les airs pour patrie!

CHARLES VINCENT,
Membre titulaire.

LE GOBE-MOUCHE

—

Air de *Marianne*

Cet oiseau-là — Buffon l'atteste —
Est de l'ordre des passereaux
Dentirostres. — Voici, du reste,
Ses caractères généraux :
     « Tête mignonne
     » Et bec trigone,
» Narine glabre et très ronde à la fois,
     » Langue aplatie,
     » De poils nantie,
» Penne fort courte et patte à quatre doigts... »
Ouf! permettez que je me mouche!
Laissant là l'illustre Buffon,
Je veux en style moins profond
     Parler du gobe-mouche.

Il est d'un naturel sauvage,
Solitaire et peu guilleret,

Et je doute qu'en esclavage
A le former on parviendrait.
        Pourtant à l'homme
        Il rend, en somme,
Un grand service, et nous le révérons;
        Car, très vorace,
        Il fait la chasse
Aux vers rongeurs, mouches et moucherons.
    Contre eux sans cesse il escarmouche
    Et vous les gobe bellement;
    De là vient naturellement
        Son nom de gobe-mouche.

En hiver, comme l'hirondelle,
Lorsque sous un ciel refroidi
L'insecte manque, — à tire d'aile,
Il prend son vol vers le Midi.
        Là, plus de crainte,
        Et sans contrainte,
Au beau soleil, ce gibier foisonnant,
        De tout insecte
        Il se délecte,
En se livrant à son goût dominant.
    De cet oiseau triste et farouche
    Tel est le portrait littéral;
    Au physique comme au moral,
        J'ai peint le gobe-mouche.

Au figuré, c'est autre chose :
Par gobe-mouche l'on entend
Ce bon badaud qui toujours pose
Et gobe tout, argent comptant.
Canard vulgaire
Et bruits de guerre,
De tout caissier l'austère probité ;
Vertus antiques
Des républiques,
Égalité, charité, liberté,
Il avale, en ouvrant la bouche,
Tous les plats qui lui sont servis,
Bien plus bête, c'est mon avis,
Que l'autre gobe-mouche.

L. GUÉRIN,
Membre assoc

LA GRIVE

AIR : *En vérité l'on saurait bien des choses*
Si le bon Dieu faisait parler les fleurs

Vous voici donc aux sommets des grands hêt
Gais amoureux qui fuyez les hivers !

Mais les rameaux de vos boudoirs champêtres
N'ont point encor tendu leurs rideaux verts.
Frais arrivés du pays des gazelles,
En annonçant les vents libérateurs,
Vous ramenez le printemps sur vos ailes;
Soyez bénis, doux messagers des fleurs!

Déjà, sur tous, pleut une effluve douce;
Tout ce qui nage agite au loin la mer;
Tout ce qui court se poursuit sur la mousse;
Tout ce qui vole est en ébats dans l'air.
L'heure d'amour, ô charmantes oiselles,
De son écho, console nos douleurs...
Vous ramenez le printemps sur vos ailes,
Soyez bénis, doux messagers des fleurs!

Mais, sous vos pieds, la sève à flots ruisselle,
Tout se déroule aux baisers des rayons;
La fleur qui naît ouvre son escarcelle
Et le vent fuit embaumant les sillons.
Chantez, chantez, grivettes et roselles,
Prêtez vos voix à ces muets bonheurs!
Vous ramenez la chanson sur vos ailes,
Soyez bénis, doux messagers des fleurs!

Vole, en jetant tes strophes d'allégresse,
Grive bacchante, et répète : Évohé!

Sur le blé vert que le rayon caresse,
Sur le bourgeon que replanta Noé.
L'hiver, au pôle, emporta la souffrance :
Dieu soit loué! voici les jours meilleurs!
Vous ramenez la joie et l'espérance,
Soyez bénis, doux messagers des fleurs!

A. VILMAY,
Membre honoraire.

LA GRUE

—

Air de la *Famille de l'Apothicaire*

Que cherchent, au bord d'un étang
A surface dormante et plate,
Ces échassiers, toujours guettant,
Immobiles sur une patte?
C'est du poisson. — Dès qu'il est pris,
Voilà leurs troupes disparues.
Des courtisanes de Paris
Pourquoi dit-on : « Ce sont des grues? »

C'est qu'avec de grands airs princiers,
A l'instinct joignant la science,
Elles ont de nos échassiers
L'habileté, la patience.
Lorsque leurs poissons sont levés,
Qu'on les voit riches et courues,
N'est-ce pas des petits-crevés
Qu'on peut dire : « Ce sont des grues? »

Pour des places, pour des rubans,
Vous qui vous courbez jusqu'à terre,
Ou restez cloués sur vos bancs,
A la porte d'un ministère ;
Maris jaloux, beaux damoiseaux,
Debout, l'œil au guet, dans la rue,
Vous ressemblez à ces oiseaux,
Car vous faites le pied de grue.

Écrivains, à bon droit vantés,
Soldats fameux par leur vaillance,
Hommes d'État ou députés,
Sont sujets à la défaillance.
Leur vertu peut péricliter,
Il faut qu'elle soit secourue ;
Et souvent, pour se remonter,
Ils auraient besoin d'une grue.

La grue erre auprès les roseaux,
Sur la proie elle vient s'abattre ;
Parmi nous sont de tels oiseaux,
Mais contre eux comment se débattre ?
Parfois, sans crainte d'afficher
Des intentions incongrues,
Quel homme pourrait s'empêcher
De s'écrier : « Vivent les grues! »

ÉMILE DE LA BÉDOLLIÈRE.
Membre honoraire.

LE HÉRON

—

AIR de l'*Artiste*

Mon cœur bat, ma voix tremble
Quand je dois célébrer
Un oiseau, qui me semble
Très dur à digérer ;
Il faudrait l'éloquence
Du fameux Cicéron
Pour dire ce qu'on pense
Des vertus du héron.

Notre grand fabuliste,
Qui le vante beaucoup,
Dit que son bec existe
Emmanché d'un long cou;
Ce bec, dans la rivière
Prend ablette et vairon;
Gare aux pêcheurs d'Asnière,
S'il survient un héron !

Paris, ville des grues,
Admire cet oiseau,
Et l'une de ses rues
Porte son écriteau.
Jadis, c'était l'impasse
Qu'habitait maint larron;
Elle a pris à sa place
Le nom de Coq-Héron. (1)

Le héron, haut sur pattes,
Est le portrait vivant
De certains bureaucrates
Qui vont le nez au vent.
Tout fier de sa noblesse,
Voyez ce fanfaron,

(1) Voir le dictionnaire de Lazare.

Qui toujours se redresse
A l'instar du héron.

Par une ruse insigne,
Jupiter, un beau jour,
Sous la forme d'un cygne,
A Léda fit sa cour;
C'eût été bien plus drôle
Si, près de ce tendron,
Il eut joué son rôle
Dans la peau d'un héron.

J'aime l'aigle intrépide,
J'aime le rossignol;
L'hirondelle rapide
Me ravit par son vol;
Je dis : Vive la poule
Et le coq peu poltron,
Le pigeon qui roucoule!...
Mais à bas le héron!

J. LAGARDE,
Membre honoraire

LE HIBOU

—

Air : *On dit que je suis sans malice*

En juin, je me lève à l'aurore,
Pour voir la fleur qui vient d'éclore,
Dont les chauds baisers du soleil
Rendent le coloris vermeil.
Aussi je ne suis pas en verve
Pour chanter l'oiseau de Minerve;
Ce triste oiseau, rôdeur de nuit,
Dès que le jour paraît, s'enfuit.

C'est l'attribut de la sagesse;
Et franchement, je le confesse,
J'aime mieux passer pour un fou,
Que de vivre auprès d'un hibou.
Il en cuit parfois d'être sage,
Car des ignorants sans courage
Sur un pilori vont clouer
Un oiseau qu'ils devraient louer.

Dieu, qui ne fit rien d'inutile,
En a fait un chasseur habile,
Des moissons vigilant gardien,
Et les rongeurs le savent bien.
Le hibou n'est pas fort en thême,
Mais il reçut ce don suprême
D'être la nuit plus clairvoyant
Que, même en plein jour, un pédant.

Si ma chanson n'est pas *chouette*,
C'est qu'un hibou, d'humeur discrète,
Ici n'a voulu convier
Ni Buffon, ni le grand Cuvier.
D'ailleurs cet oiseau, je le pense,
N'est pas faiseur de conférence;
Ce n'est pas un affreux bavard,
Commençant tôt, finissant tard.

ALLARD-PESTEL,

Membre titulaire.

LES HIRONDELLES

—

AIR de *Madame Grégoire*

Après Béranger,
Comment chanter les hirondelles?
Comment, sans danger,
Moi chétif, oser parler d'elles?
Mais, malgré mon effroi,
Le sort m'en fait la loi;
Je dois vous prendre pour modèles,
Chers oiseaux au devoir fidèles :
Aux premiers beaux jours,
Vous revenez toujours!

Pendant les frimas,
En apparence un peu volages,
Fuyant nos climats,
Vous cherchez de plus chaudes plages:
Mais, dès que le soleil
Montre un disque vermeil,

Alors, frileuses hirondelles,
Volant vers nous à tire-d'ailes,
Aux premiers beaux jours,
Vous revenez toujours!

S'il veut voyager,
Sur la mer, qui de tout l'isole,
Pour se diriger,
L'homme a besoin d'une boussole,
Une carte, un compas,
Doivent régler ses pas;
A travers l'espace, — ô prodige! —
C'est votre instinct qui vous dirige.
Aux premiers beaux jours,
Vous revenez toujours!

Quand vous revenez,
C'est que le printemps va renaître,
Et vous redonnez
Joie, amour, à chaque fenêtre;
Sous nos toits rajeunis
Vous retrouvez vos nids.
Voici l'instant de la couvée,
Chacun fête votre arrivée :
Aux premiers beaux jours,
Vous revenez toujours!

On a dit souvent
Que vous n'aviez pas de patrie.
Propos décevant,
Idiote badauderie!
Pour un temps voyager,
D'amours n'est pas changer.
Partez en hiver, hirondelles,
Puisqu'à vos pénates fidèles,
Aux premiers beaux jours,
Vous revenez toujours !

GÉMOND,
Membre associé.

LA LINOTTE

—

AIR de *Voltaire chez Ninon*

Pour ma chanson, le cardinal
M'était échu — prenez-en note;
Jugeant ce sujet trop banal,
Je lui préférai la linotte.
Mais, pour un chant original,
D'après les livres que j'annote,
J'ai bien peur que le cardinal
Ne vaille mieux que la linotte.

Que dirai-je de cet oiseau?
Qu'il a. comme Linné l'atteste,
Le bec noir, la gorge ponceau ;
Cela vous le savez de reste.
A vivre en troupe il est enclin.
Et parmi les grains qu'il grignotte,
Recherche les graines de lin :
De là vient son nom de linotte.

A la bande dès qu'un canton
N'offre plus aucune ressource,
Vers un autre, aussitôt, dit-on,
Chaque linotte prend sa course ;
Pour chercher de meilleurs repas,
Sans même demander sa note,
Elle file... — Ce qui n'est pas
Trop bête pour une linotte.

Son ramage est des plus gentils,
Et, pour ma part, j'aime à l'entendre;
De plus, elle est pour ses petits
Une mère attentive et tendre.
A la chasse on la prend, le soir,
Dès que l'imprudente s'y frotte,
Comme la fauvette, au miroir;
Car très coquette est la linotte.

En langue verte, *être en prison*,
Ou bien encor, *faire ribotte*,
Et *boire plus que de raison*,
S'appelle : *Siffler la linotte*.
On dit aussi vulgairement
D'une personne sans jugeotte,
Se conduisant étourdiment :
« C'est une tête de linotte. »

Voilà ce que, tant bien que mal,
J'ai pu trouver sur la linotte ;
C'est vraiment un maigre régal
A se mettre sous la quenotte.
Bref, — et c'est là mon trait final, —
L'expérience me dénote
Qu'en renonçant au cardinal,
J'agissais comme une linotte !

EUGÈNE GRANGÉ,

Membre titulaire.

LE MARTIN-PÊCHEUR

—

AIR : *Restez, restez, troupe jolie*

Un illustre naturaliste
A dit, je crois, que mon héros
Peut être classé dans la liste
Si nombreuse des passereaux.
D'où vient-il? on ne le sait guères,
Est-ce de Rome ou Tombouctou?
Où va-t-il, en quittant nos sphères?
Ma foi, l'on n'en sait rien du tout!

On ne sait guère, c'est notoire,
Lorqu'on entend ses cris, s'il est
Élève du Conservatoire,
Ou d'un aveugle, à Bagnolet.
Et puis, d'une gamme plus tendre
Lorsqu'il risque le contre-coup,
Ce qu'il voudrait bien faire entendre...
Ma foi, l'on n'en sait rien du tout!

Le lac, l'étang, le marécage
Paraissent le séduire fort;
Mais on ne sait guère s'il nage,
Car il reste toujours au bord.
A-t-il les instincts d'un esclave,
Ou de la liberté le goût?
Est-il poltron, modeste, brave?
Ma foi, l'on n'en sait rien du tout!

Riche et brillant est son plumage;
Mais ose-t-on être certain
Que ce splendide maquillage
Peut être garanti bon teint?
Sa chair est-elle salutaire
Ou nuisible, cuite en ragoût
Dans des flots de pommes de terre?
Ma foi, l'on n'en sait rien du tout!

C'est le plus bel oiseau d'Europe;
Soit! — mais quel imprudent auteur,
Sous sa magnifique enveloppe,
Affirmerait qu'il bat un cœur?
Comme Joseph, fuit-il les belles?
Empaume-t-il par son bagoût
Tous les martins-pêcheurs femelles?...
Ma foi, l'on n'en sait rien du tout!

Je serais — j'en conviens d'avance —
Bien étonné si mes rondeaux,
Ce soir, jetaient un jour immense
Sur la question des oiseaux.
Les chiffres n'ont point de magie
Pour un caissier toujours debout (1);
Mais quant à l'ornithologie...
Ma foi, je n'en sais rien du tout !

DUVAL,

Membre associé.

LE MERLE

—

Air de la *Robe et des Bottes*

Malgré mon goût pour l'ornithologie,
Dans mon orgueil justement chagriné,
Ce soir, j'adresse une simple élégie
Au passereau que le sort m'a donné.
Sans que ma muse avec rage déferle,
Je me sens tiède — et l'on comprend cela —
A célébrer le sifflement du merle ..
Car j'aime peu cette musique-là !

(1) L'auteur de cette chanson est caissier dans une administration.

Au champ des arts, prose, vers ou théâtre,
En amateur j'ai braconné parfois,
Me figurant que la France idolâtre
Allait me mettre en chœur sur le pavois;
Mais le public à Pau, Clermont, au Merle- (1)
Rault, se montrant clément comme Attila,
Me rappelait le sifflement du merle...
Et j'aime peu cette musique-là !

Caille, pigeon, rossignol, tourterelle,
Chardonneret, coq, bengali, pinson,
Tous dans la voix ont une chanterelle
Qui s'harmonise aux airs de leur chanson.
Du serin même, a dit HÉGUIN DE GUERLE, (2)
Le couic va droit au cœur de Paméla;
Mais qui répond au sifflement du merle?...
On aime peu cette musique-là !

De l'oiseau noir, bec jaune, on répudie
Toute pudeur et toute chasteté;
Buffon pourtant soutient qu'en Arcadie
Les merles blancs sont en majorité.
En les drapant d'une robe gris-perle,
Sur tous discords apposons le holà,

---

(1) LE MERLERAULT, chef-lieu de canton du département de l'Orne.
(2) HÉGUIN DE GUERLE, membre honoraire du Caveau.

Et, noir ou blanc, laissons siffler le merle...
Si nous aimons cette musique-là !

Sans réfléchir, d'un léger persiflage
J'accompagnai mes premiers vers ; — j'eus tort :
Du merle, au bois, très doux est le ramage,
Bien qu'un peu triste à son premier accord.
S'il me restait d'autres rimes en *erle*,
Fuyant l'aigreur qui d'abord m'enrôla,
Je chanterais les agréments du merle,
Car j'aime assez ce petit oiseau-là !

Victor LAGOGUÉE,
Membre honoraire.

LA MÉSANGE

—

AIR nouveau

Petite mésange
Au col de velours,
Crains l'hiver qui change
En nuits les beaux jours !

A toi les vergers et les plaines,
Les arbrisseaux et les buissons;
Va porter là-bas tes fredaines
Et tes amoureuses chansons!
Tu babilles sous la feuillée,
Sautillant sur la branche en fleur;
Mais, lorsque tu prends ta volée,
Garde-toi bien de l'oiseleur!

Petite mésange, etc.

Je t'ai vue, alors que du hêtre
Le givre couvrait les rameaux,
Venir au bord de ma fenêtre
Voltiger auprès des vitraux :
Transie et la plume hérissée,
Souffrant du froid et de la faim,
Demi-morte et presque glacée,
Par moi, tu fus sauvée enfin.

Petite mésange, etc.

Mais, l'on dit, que ton bec vorace,
Avide de l'odeur du sang,
Des oiseaux même de ta race
Perfore le crâne innocent.

6.

Fuis ces lieux, petite cruelle,
Que guident des instincts méchants !
N'espère plus de la tourelle
Le grain que refusent les champs !

Petite mésange, etc.

Et cependant, — contraste étrange, —
Grâce à de séduisants atours,
On chérit encor la mésange,
Symbole d'étranges amours.
La mésange, c'est la coquette
Qui, par des philtres enchanteurs,
Creuse la cervelle et la tête
De ses faibles adorateurs.

Petite mésange
Au col de velours,
Crains l'hiver qui change
En nuits les beaux jours !

L. DEBUIRE (DU BUC),
Membre correspondant.

LA MOUETTE

—

Air nouveau de CLAIRVILLE fils

Si l'aigle fixe le soleil,
Moi, je sais braver la tempête.
Je suis un voilier sans pareil;
Dans l'air, jamais rien ne m'arrête.
C'est ainsi que l'on voit souvent
Petit corps porter grand courage;
L'aigle fuit les fureurs du vent,
Quand moi je fais face à l'orage.

Je ne suis pas le roi de l'air,
Je suis la petite mouette;
Mais, quand je plane sur la mer,
Dans l'ouragan noir et l'éclair,
Hardiment je lève la tête!

Fréquentant le bord des îlots,
Et des océans le rivage,
Au besoin, je coupe les flots;
Mes pieds sont palmés pour la nage.

Pour la pêche au vol, j'ai l'œil sûr;
Mon bec tranchant a pour curée
Tout ce que la mer, comme impur,
Rejette au flux de sa marée.

Je ne suis pas le roi de l'air, etc.

Je chasse entre le ciel et l'eau;
Je poursuis l'insecte qui passe.
Là, sous l'horizon, s'il fait beau,
Je suis comme un point dans l'espace.
En tout temps, sous tous les climats,
Je vole haut, plane ou m'élance;
Parfois, sur la vergue des mâts,
Je me repose ou me balance.

Je ne suis pas le roi de l'air, etc.

Pour mes œufs, — il faut bien nicher!
Les oiseaux ont des lois communes, —
Je prends les fentes d'un rocher,
Ou le sable mouvant des dunes.
Même alors je séjourne peu,
Car je crains tant la solitude
Que, tournoyant sous le ciel bleu,
Je n'apparais qu'en multitude!

Je ne suis pas le roi de l'air, etc.

Un savant, qu'on a cru profond,
Me dit : « lâche, ignoble et vorace. »
Trop légèrement on confond
Avec ses chefs toute une race.
Les goëlands sont des vautours ;
Mais moi, je suis si peu cruelle
Que pour les matelots, toujours,
Des mers je serai l'hirondelle.

Je ne suis pas le roi de l'air, etc.

Je ne veux pourtant pas cacher
Que je suis gourmande et colère.
Est-ce à l'homme à le reprocher,
Lui, qui boit tant... et fait la guerre ?
Oui, je babille avec fracas,
Et j'ai les amours passagères ;
Mais l'homme a bien ses avocats...
Et même des femmes légères !

Je ne suis pas le roi de l'air, etc.

Tout, depuis la création,
Reçoit de la cause première
En ce monde une mission ;
Tout est Moyen, Force ou Lumière.

Par mon vol rapide et mes cris,
J'apporte aux marins des présages;
Et mes destins sont accomplis
Si j'épargne quelques naufrages !

Je ne suis pas le roi de l'air, etc.

J'en suis donc une preuve encor :
Êtres, Choses, Nature, en somme,
Nous ne formons qu'un seul trésor
Accumulé par Dieu pour l'homme.
L'homme seul peut dompter le feu,
L'homme est seul conscient et libre...
Et parfois il doute de Dieu,
Lui, le seul être en qui Dieu vibre !

J'ai ma mission dans les airs :
J'annonce aux marins la tempête;
Et, dans l'immensité des mers,
Le vent, la foudre et les éclairs
Passent impuissants sur ma tête !

CHARLES VINCENT.
Membre titulaire.

L'OIE

—

Air de *la Femme à barbe*

BERNARD LOPEZ (drôle de corps)
Devait, en nous comblant de joie,
Tenter de louables efforts
Pour nous faire connaître l'oie ;
Mais comme il ne fit pas son mot,
Le Caveau se dit aussitôt :
« Le remplacer est très utile,
» Il faut donner l'oie à CLAIRVILLE. »
Mais cela m'embarrasse bien ;
Sur cet oiseau je ne sais rien...
Ah ! si, l'on m'a dit à l'école
Qu'il a sauvé le Capitole,
L'oie a sauvé le Capitole !

L'oie est fort bête, nous dit-on ;
Mais en quoi l'oie est-elle bête ?
Pour justifier ce dicton,
Quelle bêtise a-t-elle faite ?

Elle ne lit aucun journal,
N'est pas du parti radical,
Bonapartiste ou monarchique,
Elle ignore la politique;
C'est même un oiseau bien pensant
Qui, pour une graine, en passant,
Donnerait tout l'or du Pactole...
Et qui sauva le Capitole.
L'oie a sauvé le Capitole!

Si nous mettons ce trait à part,
L'oie est un simple palmipède,
Mais se distinguant du canard,
Surtout par le bec qu'il possède.
Sa plume, au temps des novateurs,
Dans la main de nos vieux auteurs,
Marcha de conquête en conquête;
Mais avouons que le plus bête,
De l'oiseau duquel on l'obtient,
Ou, de celui-là qui la tient,
N'est pas toujours celui qui vole
Et qui sauva le Capitole.
L'oie a sauvé le Capitole!

Un abatis d'oie est fort bon,
On estime la graisse d'oie,

Dans l'oie on aime le pilon,
De l'oie on adore le foie.
Tout est divin dans cet oiseau ;
Mais quand on se croit jeune et beau,
Une chose qui nous foudroye,
C'est de se voir la patte d'oie !
Oui, c'est affreux !... Et cependant,
On se répète, en regardant
Cette patte qui nous désole :
Il a sauvé le capitole !
L'oie a sauvé le capitole !

Mais comment donc l'a-t-il sauvé ?
Est-ce en parlant sur les affaires ?
A la tribune a-t-il prouvé
Que tous les animaux sont frères ?
Non, c'est en se donnant du vent,
Il sauva Rome en se sauvant,
Et pour ma part, moi, je l'approuve ;
Notre triste époque nous prouve
Que trop parler perd les cités,
Et, qu'ainsi que nos députés,
Si l'oie avait eu la parole,
Elle eût perdu le capitole,
L'oie eût perdu le capitole !

CLAIRVILLE,
Membre titulaire.

7

L'OISEAU MOQUEUR

—

Air : *De Sommeiller encor ma chère*

Il est un oiseau d'Amérique
Qui de jacasser a le goût;
Je le crois du genre critique,
C'est un écho qui redit tout,
Air joyeux, ou musique triste,
Cantique tendre, hymne vainqueur...
Ce musicien fantaisiste
Porte le nom d'oiseau moqueur.

Cet oiseau dont je fais l'histoire
De notre merle a la grosseur ;
Il semble être la bête noire
De l'amoureux ou du chasseur.
Quelle confidence résiste
A ce babillard auditeur?...
Peut-on compter sur une piste
Avec ce bipède moqueur?

Son gosier, souple autant qu'agile,
Peut se plier à tous les chants,
Rien ne lui semble difficile
Il sait prendre tous les accents.
Ces cris ne laissent aucun doute,
Les gluaux sont pleins... Quelle erreur!
Tu n'as rien pris, chasseur, écoute :
C'est un trait de l'oiseau moqueur.

Toi qui comptes avec la fièvre
Les minutes, pauvre amoureux,
L'amour aux yeux, l'âme à la lèvre,
Ces mots qui te rendent heureux,
Derrière toi, la voix chérie
Les dit, et fait trembler ton cœur...
Non? — Tu pleures! Je le parie,
Ce n'était que l'oiseau moqueur.

Ce méchant oiseau, dans la vie,
Rend plus dure la vérité;
Par un semblant l'âme ravie
S'abat sous la réalité.
Il n'est pas l'espoir salutaire,
Divin baume consolateur,
Il rit du mal qu'il a su faire...
Il est fécond, l'oiseau moqueur!

Sachons donc nous juger nous-même !
L'homme plus sévère pour lui,
Résoudrait l'important problème
De ne pas souffrir par autrui.
Chassons l'égoïste indulgence
Qui fait de nous notre claqueur,
Afin d'entendre sans souffrance
Les sifflets de l'oiseau moqueur !

SAINT-GERMAIN

Membre titulaire

LE PAON

—

AIR de *l'Andalouse*

Dans son aspect que de noblesse !
Dans son port que de dignité !
Au paon, qui sur mes pas se dresse,
Je suis tenté, je le confesse,
De dire : « Votre majesté. »

Quelle richesse en sa parure!
De couleurs quel luxe inouï!
De sa splendide chamarrure,
Du bleu doré de son armure,
Notre regard est ébloui!

Sa longue queue, en nos prairies,
Lui donne un air seigneurial;
Ses yeux, brillantes broderies,
Ressemblent à des armoiries
Peintes sur un manteau royal.

Voyez, au milieu des semailles,
Marcher cette paonne et ce paon :
Moins fier, dans le parc de Versailles,
Marchait, en foulant les broussailles,
Louis près de la Montespan.

Mais, d'un roi s'il offre l'image,
Il a le pied plat et mal fait,
Le cri rauque; — enfin son ramage
Est loin de valoir son plumage;
Ah! dame! l'on n'est pas parfait!

A Rome, et dans toute la Grèce,
Le paon était en grand renom;

On le représentait sans cesse
Aux pieds de la fière déesse,
C'était l'oiseau cher à Junon.

De l'orgueil il est le symbole :
« Vaniteux, dit-on, comme un paon. »
Mais c'est là pure faribole ;
Car il n'offre, sans hyperbole,
D'orgueil aucun signe frappant.

Il a la fibre paternelle,
Aime et dirige ses paonneaux ;
Il les abrite sous son aile,
Et, la nuit, reste en sentinelle.
Pour les garder des fauconneaux.

Comme un bon père de famille,
A son devoir toujours soumis,
Pour eux il cherche en la charmille
Les endroits où le grain fourmille ;
Bref, ce n'est qu'un bourgeois... bien mis.

Mais, dira-t-on, il fait la roue,
Preuve d'un orgueil sans pareil !
— Ne peut-il, sans qu'on le rabroue,
Comme un vaisseau montre sa proue,
Ouvrir ses plumes au soleil ?

Pour se parer, cet ovipare
De nos habits prend-il un pan?
Mais sa dépouille, on l'accapare,
De ses plumes l'homme se pare;
L'homme est donc plus vain que le paon!

A. GREHAN,

Membre associé.

LE PÉLICAN

—

AIR de *Cadet Roussel*

Je dois chanter le pélican,
Oiseau sacré dans l'alcoran;
Avant d'aborder mon sujet,
De m'instruire ayant le projet,
Je vais fouiller dans Lacépède
Qui traite de ce palmipède.
    Ah! ah! ah! oui vraiment,
    Lacépède est un bon enfant!

Air : *La rifla, fla, fla*

On dit qu'les pélicans
Se déchirent les flancs
Pour nourrir leurs enfans ;
Mais ce sont des cancans...
La rifla, fla, fla.

Air : *Va-t-en voir s'ils viennent Jean*

Croyez-vous donc bonnement,
Qu'bravant la souffrance,
Cet animal, bêtement,
Va s'ouvrir la panse ?
Va-t-en voir s'ils viennent, Jean,
Jean va voir s'ils viennent !

Air de *Joseph*

A peine au sortir de l'enfance,
On le voit prendre de l'ampleur ;
Dès sa plus tendre adolescence
Son aile à cinq pieds de longueur.
Chaque jour, il lui faut, pour vivre,
De frétin deux ou trois boisseaux ;
Bref, il est (si j'en crois mon livre)
Le gargantua des oiseaux.

AIR : *Tout le long, le long, le long de la rivière*

Or, sachez que ce grand mangeur
Est un intrépide pêcheur,
Il pêche, tant que le jour dure,
Goujon, brochet, carpe et friture ;
Songeant à faire son butin
Il sort de son trou le matin,
Et va flâner, pour trouver son affaire,
Tout le long, le long, le long de la rivière,
Tout le long, le long de la rivière.

AIR : *Bon, bon de la Bretonnière*

Cet oiseau, dont la figure
Montre un air pédant et sec,
Est doté par la nature
D'un sac placé sous le bec,
Il n'y met pas de quibus,
Mais dès qu'un poisson s'approche,
Crac ! il le met dans sa poche
Et son mouchoir par-dessus.

AIR de *Gastibelza*

De cet oiseau le bec large et perfide
S'termine en croc ;

Le sac qu'il a peut cont'nir de liquide
    Bien plus d'un broc.
De ses p'tits yeux et de sa corpulence
    On est frappé ;
Mais ce qui lui donne un air d'importance,
    Il est huppé !

AIR : *Je veux revoir ma Normandie.*

On n'sait s'il est originaire
De la Chine ou bien du Congo ;
On l'trouve en France, en Angleterre,
En Prusse, en Suisse, à Monaco.
Cuvier (cet homme de génie
Dont les œuvres n'ont pas fait four)
Ne dit pas si la Normandie
Est le pays qui lui donna le jour.

AIR : *Ah ! daignez m'épargner le reste*

Il aime la société,
Il n'est jamais d'humeur sournoise,
Même, dans la captivité,
Facilement il s'apprivoise ;
Enfin, loin d'être un polisson

En ses amours il est modeste...
Sur cela, je vais sans façon,
Terminer ici ma chanson,
Et vous faire grâce du reste.

DUVELLEROY,

Membre associé.

LE PERROQUET

Air : *Cependant je doute encore* (UNE PASSION)

Du Brésil originaire,
Le perroquet vert ou gris
Est l'hôte assez ordinaire
Des bons bourgeois de Paris.
Il adore la gimblette,
Les amandes, l'abricot,
Sait imiter la trompette,
Ou simplement il répète :
« As-tu déjeuné, Jacquot ? »

De tous les oiseaux peut-être
Il est le plus disposé
A subir le joug d'un maître,
Le plus vite apprivoisé;
Il se plaît fort bien en cage,
Où, pour payer son écot,
Vrai fléau du voisinage,
Il redit, selon l'usage :
As-tu déjeuné, Jacquot?

Très fort sur la gymnastique,
On le voit, matin et soir,
Avec son bec elliptique
Se suspendre à son perchoir.
Si, lorsqu'il est en colère,
On veut un petit bécot,
Il mord... c'est son caractère;
Puis, reprend d'une voix claire :
As-tu déjeuné, Jacquot?

Très vieux — on le certifie, —
Il peut vivre; mais aussi
Que surtout il se méfie
Et se garde du persil !
En dépit de la consigne,
S'il en trouve en son fricot,

Il faudra qu'il se résigne
A dire pour chant du cygne :
As-tu déjeuné, Jacquot?

Mais, entre nous, souvent l'homme
N'est-il pas un perroquet?
Et sans le savoir, en somme,
N'a-t-il pas même caquet?
Que dit à qui veut l'entendre,
A l'école, ce marmot
Récitant, sans la comprendre,
La leçon qu'il vient d'apprendre :
As-tu déjeuné, Jacquot?

Perroquet, je le suppose,
Au théâtre, cet acteur
Qui nous débite la prose
Et les couplets de l'auteur;
Perroquet, ce grand critique
Qui nous refait Diderot;
Cet orateur politique,
Perroquet démocratique :
As-tu déjeuné, Jacquot?

Bref, — c'est d'ailleurs un vieux thème —
L'homme n'est qu'un perroquet;

Et que fais-je donc moi-même,
Quand je chante à ce banquet?
Je redis, en bon apôtre,
En dégustant le cliquot,
Je redis la patenôtre
Déjà dite par un autre :
As-tu déjeuné, Jacquot?

EUGENE GRANGE,
Membre titulaire,
et F.-J. GIRARD,
Membre associé.

LA PERDRIX

SONNET

Le plomb avait froissé son aile; la pauvrette,
Tremblante, se cachait dans l'herbe; je la pris,
Et, dans la même cage, auprès d'une fauvette
Qui, joyeuse, chantait, j'abritai la perdrix.

Entre oiseaux, connaissance est chose bientôt faite :
Quand l'une regrettait ses champs verts et fleuris,
Afin de consoler sa compagne muette,
L'autre lui modulait ses trilles favoris.

On était presque heureux ; mais le bonheur sur terre
N'a qu'un jour, qu'une nuit le rêve le plus doux ;
Car, le sort et le chat ont griffe meurtrière !

Hier, la chanteuse ailée expirait sous leurs coups.
Pour arracher l'amie à sa douleur amère,
Œil humide et cœur gros, je l'ai mangée aux choux.

JULES RUEL,
Membre associé.

LE PHÉNIX

—

AIR de *Philoctète*

Quand le hasard m'a donné le phénix,
Vous avez tous, en chœur, dit : « Quelle aubaine !
» Ce SAINT-GERMAIN a vraiment de la veine !... »
Moi, j'ai ragé, j'en jure par le Styx !
Cet oiseau, qui décourage la rime,
Ne satisfait pas même la raison ;
Car c'est un mythe, hélas ! nouveau Jason,
Après lequel il faut que je m'escrime !

Vous relisez Cuvier, Brehm, ou Buffon,
Si votre esprit oublie, hésite ou flotte ;

J'ai consulté Pline, Ovide, Hérodote,
Sur mon oiseau, sans le connaître à fond.
Moi, qui du soir prêche l'apologie,
Par mon état... Mon sort est sans pareil :
J'obtiens l'oiseau qui toujours au soleil
Fut consacré ! — dit la mythologie.

Il se brûlait lui-même et renaissait
Jeune et brillant, sur son bûcher en cendre;
— Secret charmant que l'on courrait apprendre,
Si quelque part encore il s'exerçait. —
Était-il mâle ou femelle? — Son sexe
Était le nôtre. — Ah ! comme il serait doux
Pour l'homme, d'être épouse autant qu'époux,
Pour n'avoir plus de femme qui le vexe !

Mais tout ceci n'est rien que fabuleux,
Et n'a point cours dans l'ornithologie;
J'ai, pour vous plaire, usé mainte bougie,
Sans m'éclairer sur cet oiseau frileux.
Je l'ai trouvé; mais, comme une assurance
Sur l'incendie ! — Et cite simplement,
Car chaque auteur le voit différemment,
Pour mon malheur et ma désespérance.

Un vers latin bien connu dit : « Félix
» Qui... peut de tout approfondir les causes. »

Moi, par malheur, qui sais fort peu de choses,
Je ne saurais passer pour un phénix!...
Futurs Mansards, Sands, Thiers, Ingres, Corneilles,
Combien d'Arthurs, de Pauls, d'Annas, d'Alix,
Ne sont rien moins, hélas! que des phénix
Qui promettaient enfants, monts et merveilles!

Pour Juvénal qui n'était pas galant,
Le phénix est : « la femme vraiment bonne, »
Je ne connais *en ce genre*... personne;
Je le regrette, et l'écris en tremblant.
C'est au phénix, que Sénèque compare
L'homme de bien; — moi, je crois franchement
Que vous allez dire dans un moment
Que ma chanson n'est pas cet oiseau rare.

Si c'est vraiment : « la parfaite chanson, »
Comptiez-vous bien sur moi pour cette chose?...
Mais le phénix, par la métempsichose,
A dû changer... moi j'en ai le soupçon.
Il est ici, j'en parierais ma tête,
Sous un faux bec : coq, condor... Bah! je crois
Que vous n'aurez que l'embarras du choix,
Quand finira notre petite fête!

SAINT-GERMAIN,
Membre titulaire

LA PIE

AIR : *Adieu, je vous fuis, bois charmants*

L'oiseau que le sort m'a donné
Par ses vertus ne brille guère ;
Méchant, bavard, esprit borné,
Effronté, voleur et colère,
Ce volatile peu charmant
N'excite pas la sympathie ;
Et si je l'avais pu, vraiment,
Je n'aurais pas choisi la pie !

Un tel sujet n'aurait, je crois,
De charmes que pour ma portière,
Dont il me rappelle à la fois
L'humeur grincheuse et cancanière ;
Le jargon vide et décousu,
Et la sotte néologie :
N'est-ce pas là, par aperçu,
Le portrait vivant d'une pie ?

Nous savons tous que le bon vin
Des plus noirs chagrins nous console ;
Boileau l'a dit, ce jus divin
Aux muets donne la parole.
C'est à cause de son bon bec,
Qu'autrefois, je le certifie,
On vit le Romain et le Grec
A Bacchus consacrer la pie.

Un ancien beau veut, un peu tard,
Serrer les nœuds du mariage ;
On lui présente, heureux hasard !
Une fille jolie et sage.
Mais du bouquet de sa vertu
La fleur avait été cueillie ;
Et le pauvre mari... déçu,
Au nid n'a pas trouvé la pie.

Hier, invité chez un voisin,
Je crois chez lui faire bombance,
Trouver bonne chère et bon vin,
Mais il trompe mon espérance.
Pour seul plat, du bœuf à l'oignon ;
Pour boire, un affreux vin de Brie ;
Enfin pour dessert, quel guignon !
Rien que du fromage à la pie !

Devrais-je, ici, de Palaiseau
Rappeler la pauvre servante,
D'un vol, commis par cet oiseau,
Victime, hélas ! quoiqu'innocente ?
Non, laissons plutôt oublier
Cette pénible tragédie ;
Et contentons-nous de prier
Que le diable emporte la pie !

Sans me croire à votre niveau,
Et sans montrer trop d'assurance,
Je sais que toujours, au Caveau,
On peut compter sur l'indulgence.
Mais je n'en veux pas abuser,
En prolongeant mon homélie ;
Car vous pourriez bien m'accuser
De bavarder comme une pie.

A. BUGNOT,

Membre honoraire.

LES PIERROTS

—

AIR de *Léocadie*

Couic! Couic!
Couic! Couic!
Quel strident ramage,
Babil
D'avril,
Tinte à mes carreaux?
Ce chœur
Jaseur,
Soleil! c'est l'hommage
Des passereaux,
Messieurs les pierrots!

Gamins de la nue,
Leur bande accourue,
En chantant, se rue
Aux feux du matin,
Va, vole, se pose
Sur fruit, feuille et rose,
Où chaque bec rose
Picote un festin.

Petits,
Aux nids,
En piaillant s'éveilllent :
Couic ! à manger !
Exempts de danger,
Vivez,
Rêvez,
Car vos mères veillent,
Et vos papas
Maraudent là-bas.

Aux tendres femelles,
Vite, à tire-d'ailes,
Ils portent, fidèles,
Leurs butins divers ;
Et mieux qu'un poète,
Glanant sur l'Hymette,
L'oisillon, en fête,
Se nourrit de vers.

Braillards,
Pillards,
Vont, de branche en branche,
Trottant,
Sautant,
Sans savoir pourquoi ;

De chants
Bruyants
Roule une avalanche :
Bandit sans loi,
L'espace est à toi !

Par nos promenades,
Dans nos mascarades,
Sur nos barricades,
Friquet parisien
Hardiment circule,
Jamais ne recule ;
Il est sans scrupule...
C'est un citoyen.

Client
Friand,
Dans la main il mange ;
Du bon charmeur
C'était le bonheur.
Ingrats !
Bien gras,
Après la vendange,
Nul n'a souci
De chanter : « Merci ! »

Dans ce joyeux monde
Que l'amour féconde,
La brune et la blonde
Enflamment les champs ;
Et la jalousie,
L'orage et l'envie
Tourmentent leur vie,
Car... ils sont méchants.

Fruit
Qui séduit
Leur ardeur première
Est rejeté
Sitôt becqueté ;
Jamais
En paix,
Amants de la guerre,
D'un tendre ébat
Surgit un combat.

Ce sont de vrais hommes :
Conquêtes de pommes,
Gouttes d'eau, de gommes,
Troublent ces héros ;
Petit peuple unique !
C'est la foi punique ;

C'est la république.....
Celle des pierrots.

Moissons,
Buissons,
Sont votre partage ;
Vingt fois par jour,
Vous changez d'amour.
L'azur
Si pur
Est votre apanage ;
Dans l'éther bleu
Vous montez vers Dieu.

Votre vie est brève ;
Faites que ce rêve
S'entr'ouvre et s'achève
Ainsi qu'une fleur !
D'une aile légère,
Caressez la terre ;
Laissez-y la guerre...
Volez au bonheur !

Pour ces
Couplets
J'ai la crainte bleue ;

Un grain de sel
Est essentiel :
Ma main,
En vain,
En pose à la queue
Des beaux
Oiseaux...
Adieu! mes pierrots!

JULES PETIT,
Membre associé.

LE PIGEON

—

AIR : *Lise épouse le beau Gernance*

« Pigeon, vole, vole, vole, »
Tel est le refrain frivole
Qui fait, des enfants joueurs,
Sautiller les petits cœurs.
Oui, le pigeon vole, vole,
Mais je veux prouver ici,
Que, s'il avait la parole,
Il pourrait chanter ceci :

« Pigeon, vole, vole, vole,
» De la paix sois le symbole
» Et l'organe officiel
» Entre la terre et le ciel. »
Ainsi dit Noë dans l'arche;
A terre le pigeon va,
Puis rapporte au patriarche
Le pardon de Jéhovah.

Pigeon, vole, vole, vole,
Quand son pays se désole
De voir son sol envahi
Et son courage trahi.
Le doux oiseau, sous ses ailes,
En butte au plomb meurtrier,
Porte aux absents des nouvelles
De ceux restés au foyer.

A la Bourse où vole, vole
Le naïf qu'elle racole,
A tort on nomme *pigeon*
Quiconque y fait un plongeon.
Livrer vivant son costume,
C'est le rôle d'un nigaud;
Le pigeon défend sa plume
Tant que son cœur reste chaud.

L'homme vole, vole, vole,
Dans sa course ardente et folle,
Ainsi que les moucherons,
De beautés en laiderons.
Le pigeon est le modèle,
Qu'on devrait prendre toujours,
Car il demeure fidèle
A ses premières amours.

Quand l'aéronaute vole,
Au gré du perfide Éole,
Qui sait, pour but, s'il aura
La mer ou le Sahara?
Le pigeon, à l'aventure,
Va dans l'espace infini,
Doué, par dame nature,
D'un sens qui le mène au nid.

Avant que son petit vole,
Dirigé par sa boussole,
Le pigeon vient relever
La mère, pour le couver.
« C'est bien assez d'être père, »
Pense l'homme et, triomphant,
Il abandonne à la mère
Les soins qu'exige l'enfant.

Pigeon vole, vole, vole,
Espérant fuir l'espingole
Des preux chevaliers du tir,
Qui de lui font un martyr.
Ils sont Grecs par leur adresse;
Pourtant, quel néfaste sort!
L'oiseau sacré de la Grèce
Dans leurs jeux trouve la mort.

Mais en vain le pigeon vole
Et décrit sa parabole,
Il n'évite pas le feu
De l'infernal cordon bleu!
Tout cela prouve, qu'en somme
Et, pour ma part, je le crois,
Le pigeon vaut mieux que l'homme...
Surtout cuit aux petits pois.

MONTARIOL,

Membre titulaire.

LE PINSON

—

AIR : *Voilà la manière de vivre cent ans*

Cet heureux modèle
Des oiseaux chantants,
A bon droit rappelle
Le Roger-Bontemps.
Comme ce dernier,
Il veut toujours vivre à sa guise ;
Jamais prisonnier,
Il n'a peur qu'on le brutalise.
Liberté, franchise,
Joie à l'unisson :
Telle est la devise
Du gentil pinson !

Il n'a pas du cygne
Le neigeux manteau,
Ni le noir insigne
De maître corbeau,

Ni du cardinal
Le pourpre pour enluminure,
Ni du paon royal
L'étincelante chamarrure ;
Humble bigarrure
De caparaçon,
Telle est la parure
Du gentil pinson !

Sans palais de marbre,
Vivre n'importe où,
L'été sous un arbre,
L'hiver dans un trou ;
Dépenser gaîment,
Sans y regarder, la richesse ;
Dans le dénûment,
Ne montrer jamais de tristesse ;
Être, avec ivresse,
Époux ou garçon :
Telle est la sagesse
Du gentil pinson !

S'il n'a, lorsqu'il chante,
Ni gazouillement,
Ni de quelqu'andante
Le roucculement,

Ni du rossignol,
Quand près de lui tout fait silence,
Les si, les fa-sol,
Savamment lancés en cadence;
Avec assurance
Siffler sa chanson,
Telle est la science
Du gentil pinson!

Il n'est pas de l'aigle
Le cousin germain;
Il n'a pas en règle
Un vieux parchemin;
Mais un jour Musset
Nommait *Pinson*, avec tendresse,
Mimi qui naissait
Grisette et non pas vicomtesse.
Donc amour, jeunesse,
Et sans écusson,
Telle est la noblesse
Du gentil pinson!

Louis PIESSE,
Membre titulaire

LA POULE

—

Air de *la Petite Margot*

Sachez d'abord qu'elle nous vient de l'Inde ;
Poules et coqs sont des gallinacés,
Et cette race en espèces se scinde ;
Voilà comment ces oiseaux sont classés :

Selon les lois de la zoologie,
Le mot *gallus*... Ouf ! ça me fait frémir,
En me lançant dans la pédagogie,
Pauvres amis, je puis les endormir !

Il vaut bien mieux au poulailler me rendre
Que d'avoir l'air de faire une leçon,
Et par mes yeux, ce que j'y puis apprendre,
Tout simplement le conter sans façon.

J'y suis, voyons... Dieu ! qu'elle obéissance !
Devant le coq la poule file doux ;
Malgré nos lois et nos airs de puissance,
Il n'en est pas toujours ainsi chez nous.

Mais à ce but, surtout ce qui m'étonne,
C'est qu'il parvient sans la moindre rigueur;
Il faut, vraiment, que la poule soit bonne,
Pour qu'il la mène ainsi par la douceur.

J'apprends aussi qu'elle n'est pas jalouse;
Comment, ce coq, toujours sans se cacher,
A chaque instant (notez qu'elles sont douze!)
Lui fait des traits sans même la fâcher!

Je vois comment s'engraissent les poulardes :
En les privant du pouvoir de l'amour;
Puis, tout un mois, en gavant ces gaillardes
D'orge, d'avoine, et de lait tour à tour.

Dans ce panier... ah! c'est une couveuse!...
La faim, la fièvre, ont amaigri ses flancs;
Et cependant elle paraît heureuse;
C'est qu'elle sent tressaillir ses enfants!

Mais celle-ci, sa tâche est achevée;
Que de bonheur paye son dévoument,
Quand elle voit trottiner la couvée
Que son regard surveille tendrement!

Avec amour, intelligence et zèle,
Elle choisit le grain qui la nourrit,
Et, s'il fait froid, ses poussins sous son aile
Trouvent toujours un chaud et tendre abri.

Elle qui fuit pour la moindre vétille,
Et qui n'a pas de goût pour guerroyer,
Quand il lui faut défendre sa famille,
Même un vautour ne pourrait l'effrayer.

Enfin la poule est si bonne et si sage,
Et le coq sait si bien la gouverner,
Qu'il serait bon chez eux, pour un ménage,
De quelquefois venir se promener.

Poules du Mans, anglaises, de Nankine,
De Normandie ou de Brahma-Poutra,
De Crèvecœur, Russie ou Cochinchine,
Bertham, Houdan, Padoue et cætera,

Donnent, dit-on, d'après la statistique,
En œufs, poulets, poulardes et chapons,
A notre France, un revenu magique,
Par an, de plus de huit cents millions!

Et maintenant qu'on me loue ou me raille,
Que ma chanson fasse rire ou bâiller,
C'est vraiment tout, amis, sur ma volaille,
Ce que l'on peut apprendre au poulailler!

L JULLIEN.
Membre titulaire.

LE ROITELET

—

AIR : *Enfants, n'y touchez pas* (CLAPISSON)

Le roitelet
M'échoit donc en partage;
Des *Mots donnés* de l'an je bénis le tirage.
Le roitelet
M'échoit donc en partage;
Ils vont de pair mon lot et mon couplet :
Le sort est bien habile
Et bien juste, au Caveau,
Puisqu'il donne à chanter à ma voix si débile
Un si petit oiseau.

Le roitelet,
D'Europe l'oiseau-mouche,
Sur son corset n'a pas de rubis une couche;
Le roitelet,
D'Europe l'oiseau-mouche,
Est jaune et brun, rond, court et même laid.
Le sort est bien habile
Et bien juste, au Caveau,
Puisqu'il donne à chanter à ma voix si débile
Un si chétif oiseau.

Le roitelet,
Ami des toits de chaume,
Sous leur champêtre abri se taille son royaume;
Le roitelet,
Ami des toits de chaume,
Garde, en retour, la ferme qui lui plaît.
Le sort est bien habile
Et bien juste, au Caveau,
Puisqu'il donne à chanter à ma voix si débile
Un si fidèle oiseau.

Le roitelet
Bâtit un nid visible,
Où, pourtant, sa famille éclot et vit paisible;
Le roitelet
Bâtit un nid visible

9

Que ne voit pas l'enfant le plus follet.
      Le sort est bien habile
      Et bien juste, au Caveau,
Puisqu'il donne à chanter à ma voix si débile
      Ce confiant oiseau.

      Le roitelet,
      Cet embryon à plume,
Tire de son gosier des notes d'un volume,
      — Le roitelet,
      Cet embryon à plume, —
   A surpasser même un rossignolet.
      Le sort n'est plus habile,
      Ni plus juste, au Caveau,
Puisqu'il donne à chanter à ma voix si débile
      Un si sonore oiseau.

      Le roitelet
      A chanter s'égosille,
Si d'un rival vaincu la fuite l'émoustille;
      Le roitelet
      A chanter s'égosille,
   Lorsque l'amour enfle son corselet.
      Le sort n'est plus habile,
      Ni plus juste, au Caveau,
Puisqu'il donne à chanter à ma voix si débile
      Un si fougueux oiseau.

Le roitelet
Serait le Prométhée
Qui jadis eut pitié de la terre attristée ;
Le roitelet
Serait le Prométhée
Qui prit, pour l'homme, au soleil un reflet.
Le sort n'est plus habile,
Ni plus juste au Caveau,
Puisqu'il donne à chanter à ma voix si débile
Un si vaillant oiseau.

ÉLIE REMIGNARD,

Membre correspondant.

LE ROSSIGNOL

AIR du *Premier Cheveu gris*

Du printemps quand vient la feuillée,
Le rossignol, sur l'arbre vert,
Charme mon âme émerveillée
Par un harmonieux concert.

Sa note sonore et si pure
Vers le ciel va prendre son vol,
Et tout renaît dans la nature,
Lorsque chante le rossignol.

La rose fleurit sur sa tige,
L'œillet nous fait voir ses boutons,
Et dans l'air l'insecte voltige,
Car c'est le temps des hannetons.
Lors, pour visiter la campagne,
Emma quitte son entresol,
Et, tout en sablant le champagne,
Aime entendre le rossignol.

Un rossignol sur sa couchette
A Lise parut, certain soir;
De l'avoir dans sa main blanchette
Déjà son cœur battait d'espoir.
Mais lui, fier de son équipée,
En chantant se poussait du col;
Et qui fut pris à la pipée?
Ce ne fut pas le rossignol.

Heureuse, elle mit dans sa cage
Cet oiseau, gai comme un pinson;
Il fit, grâce à son doux ramage,
Un paradis de sa prison.

Lise, dans son ardeur aimante,
Disait, imitant son bémol :
« Je veux toujours rester l'amante
De mon gracieux rossignol. »

Jadis, roucoulant la romance,
J'avais quelques admirateurs ;
Mais je donnai la préférence
Aux chants légers des gais viveurs.
Ma voix, quoique mon cœur délire,
Ne peut plus atteindre le sol,
Et je crois vous entendre dire :
« C'est assez, mon vieux rossignol ! »

VASSEUR.
Membre honoraire

LE ROUGE-GORGE

Air : *Une Fille est un Oiseau*

Une fille est un oiseau,
Gorge blanche, ou rouge-gorge ;

Quelqu'opinion qu'on s'en forge
C'est des oiseaux le plus beau.
Ma raison est la meilleure,
Et je le prouve sur l'heure :
Qui, de sa voix, mieux effleure
Du chant du jour l'air nouveau ?
Messieurs, vous aurez beau dire,
Je vais chanter sur ma lyre
Qu'une fille est un oiseau,
Et des oiseaux le plus beau.

Votre oiseau : *Rubecula*
En latin, beau nom, j'espère ;
Bien qu'à lui, moi, je préfère
Le doux nom de *Puella*.
On dit qu'il vit solitaire,
Qu'il a la voix douce et claire,
Mais, je l'engage à se taire
Devant un autre moineau ;
Ce moineau qui n'a pas d'aile,
Et qu'on nomme demoiselle,
Est des oiseaux le plus beau.

Tous les deux ont leur solo,
Le rouge-gorge et la fille ;
L'un chante sous la charmille,

Et l'autre à son piano.
Si l'oiseau mâle déroule
Son tendre amour à sa poule,
C'est la fille qui roucoule
Pour charmer son jouvenceau ;
Et l'auteur de la nature
Rend ce solo, je l'assure,
Aux amants toujours nouveau !

Le rouge-gorge, au printemps,
Prend ses ébats dans l'espace ;
Fillette que rien ne glace
Sait aimer en tous les temps.
On dit que l'oiseau fidèle
Ne vit que pour sa femelle ;
Le sort d'une demoiselle
Me paraît être plus beau :
L'ami qui ne sait plus plaire
Se remplace d'ordinaire
Par un ami plus nouveau !

Le pinson, le sansonnet,
Le merle et la tourtetelle,
La fauvette, l'hirondelle,
Le serin, le roitelet,
Le rossignol, les mésanges.

Chantent tous comme des anges
Et sont dignes de louanges,
Sur le faîte des ormeaux;
Mais, pour moi la jeune fille
Qui gazouille un joli trille
Chante mieux que ces oiseaux.

Assez de *Rubecula*
Tiré du dictionnaire !
De latin n'ai plus que faire,
Et je me trouve à *quià*.
Qu'un cœur de fille s'entr'ouvre,
Qu'amour d'oiseau se découvre,
Qu'à l'oiseau la cage s'ouvre,
Je m'en mets les mains dans l'eau;
Grâce à votre patience,
J'ai pu montrer ma science,
Comme membre du Caveau !

G. DUPREZ,

Membre honoraire

LE SANSONNET

—

Air de *Masaniello*

Le sansonnet, je vous l'avoue,
Comme oiseau m'était inconnu;
Aussi faisais-je un peu la moue
Quand votre mot m'est parvenu;
Mais dans Buffon on peut apprendre
Que l'étourneau, dont le caquet
Si bruyamment se fait entendre,
N'est autre que le sansonnet.

Étourneau, sansonnet, qu'importe !
Ce qu'il faut c'est que ma chanson
Sans vous ennuyer vous apporte
Un tout petit bout de leçon;
Je sais que l'ornithologie,
Quand on l'étudie au complet,
Veut une dose d'énergie;
Mais je me borne au sansonnet.

9.

Noir luisant, à taches jaunâtres,
Telle en Europe est sa couleur ;
Chez la femelle, plus blanchâtres,
Les taches ont moins de largeur.
Accouplés, deux fois chaque année,
Leur nid, toujours tenu bien net,
Contient six petits par couvée...
Il est fécond le sansonnet !

En liberté, comme il gazouille,
Poussant parfois des cris aigus !
Dans les fientes souvent il fouille
Pour s'y nourrir de résidus.
Par bandes la troupe s'assemble
En triangle, en carré parfait ;
Se glisser au milieu nous semble
Le but de chaque sansonnet.

En cage, vite, il s'apprivoise ;
C'est alors qu'il devient jaseur ;
Parfois d'une chanson grivoise
Il régale son auditeur.
On le confond avec le merle,
Quand on écoute son sifflet :
C'est un bijou, c'est une perle
Que notre mignon sansonnet.

Voyez ce gardin qui babille
A tort, à travers et sur tout,
Il croit que d'esprit il pétille,
Quand de l'entendre on est à bout.
Quel étourneau!... comme il bavarde!
Se dit chacun... de son caquet
Fuyons le bruit!... Que Dieu nous garde
De ce genre de sansonnet!

J'aurais encor beaucoup à dire;
Mais il faut savoir se borner.
Sept couplets! je vous vois sourire;
Messieurs, veüillez me pardonner!...
L'an dernier, vous savez, pour cause,
Mon silence, hélas! fut complet;
Aujourd'hui voyez tout en rose,
Applaudissez mon sansonnet!

HIPPOLYTE FORTIN,
Membre correspondant.

LE SERIN

—

Air de *Jadis et aujourd'hui*

Le serin !.. Qu'a donc de risible
Ce joli petit canari?
Il est doux, aimable et sensible;
Je le préfère au colibri,
Et c'est mon oiseau favori.
Il ne porte pas le tonnerre,
Comme l'aigle de feu Jupin;
Mais d'un homme trop débonnaire
Pourquoi dit-on : C'est un serin?

Serait-ce son jaune plumage
Qui prête à rire aux médisants?
Cette couleur est l'apanage
De certains maris complaisants,
Au dire des mauvais plaisants.
Mais lui, de colère il s'enflamme,
Dès qu'on chasse sur son terrain;
Il veut se battre; et de sa femme
Nul n'est plus jaloux qu'un serin.

Comme la gentille fauvette,
Il n'est pas improvisateur,
Et serait, sans la serinette
Un assez vulgaire chanteur ;
C'est un habile imitateur.
Il n'a pas la voix sans pareille
Du rossignol, mais, le matin,
Avec plaisir je me réveille,
Au chant joyeux de mon serin.

De la jeune et blonde Céleste,
Un jour, le serin s'échappa ;
Justin, garçon aimable et leste,
Courut après ; il l'attrapa
Et soudain le lui rapporta.
Pour ce service, admis chez elle,
Souvent depuis l'heureux Justin
Va demander à cette belle
Des nouvelles de son serin.

Un soir d'été, d'un air candide,
A Jean, la perle des maris,
Rose disait : « l'herbe est humide,
Je voudrais m'asseoir ; au logis
Cours vite chercher un tapis. »
C'était un peu loin ; la rusée

Sur le gazon avec Lubin
S'assit, sans craindre la rosée,
Sans même songer au *serein*.

Après une affaire un peu chaude,
Au camp, n'ayant rien à manger,
Un conscrit part pour la maraude,
Et, quoiqu'en pays étranger,
Il ne redoute aucun danger.
Pour faire bouillir la popotte,
Fier de rapporter du butin,
Il le tire de sa capote...
Ce n'était qu'un pauvre serin !

Sur ce sujet des plus futiles
J'ai déjà rimé six couplets ;
Ceux qui sembleraient inutiles,
Je le veux bien, supprimez-les,
Et même tous, s'ils sont mauvais !
Ne craignez pas que je me fâche,
Vous me verrez, sans nul chagrin,
Content d'avoir rempli ma tâche,
Garder un visage serein.

HÉGUIN DE GUERLE,
Membre honoraire.

LA TOURTERELLE

—

AIR : *Dans cette maison à quinze ans*

Je disais, en me promenant
Aux champs où le rêveur s'amuse :
Tourterelle est le mot charmant
Que le Caveau jette à ma muse.
Comme une vivante leçon
Dieu créa cet oiseau fidèle...
J'errais à travers la moisson
Dans l'espoir d'ouïr la chanson,
La chanson de la tourterelle,

Les airs retentissaient de cris,
Au sein des campagnes superbes;
Dans les blés c'était la perdrix,
C'était le grillon dans les herbes.
Je traversai le petit bois
Où les mûriers forment ombrelles;
Cent oiseaux chantaient à la fois
Mais je n'entendais point la voix
Des ravissantes tourterelles.

Las de chercher l'oiseau constant
Qui fait honte à la race humaine,
Près d'un clair ruisseau, m'arrêtant,
J'allai m'asseoir au pied d'un chêne.
Dans ses rameaux mystérieux
Un couple aimant battait des ailes ;
Tout charmait mon âme et mes yeux...
Un ange emporta vers les cieux
L'hymne d'amour des tourterelles !

ANTOINE CLESSE,
Membre correspondant.

LE VAUTOUR

—

AIR : *Faut d'la vertu, pas trop n'en faut*

Chacun ici-bas, tour à tour,
Nous avons tous notre vautour.

Cédant à sa rage assassine,
Si le noir vautour dans les airs
Emporte l'oiseau qu'il fascine,
Et dont il dévore les chairs,

Chacun ici-bas, à son tour,
N'a-t-il pas aussi son vautour ?

Fléau de tout ce qui respire,
En tous lieux semant la terreur,
Si sur les morts, comme un vampire,
On le voit fondre avec fureur,

Chacun ici-bas, à son tour,
N'a-t-il pas aussi son vautour ?

Dans son vol, suivant chaque armée,
Après chaque sanglant combat,
Si sur sa proie inanimée
Le cruel carnassier s'abat,

Chacun ici-bas, à son tour,
N'a-t-il pas aussi son vautour ?

L'ambition qui nous torture,
Quand elle vient nous mordre au cœur,
Nous donne pour toute pâture
La fausse image du bonheur.

Chacun ici-bas, à son tour,
N'a-t-il pas aussi son vautour ?

Fuyant les vrais biens de la terre,
L'avare qui couve son or,
De faim, de froid et de misère,
Expire auprès de son trésor.

Chacun ici-bas, à son tour,
N'a-t-il pas aussi son vautour ?

Par un premier gain éphémère,
Le jeu, troublant notre raison,
Nous fait boire à la coupe amère
Que remplit un mortel poison.

Chacun ici-bas, à son tour,
N'a-t-il pas aussi son vautour?

Puis vient Shylock, à la victime
Offrant l'argent qu'il vend si cher,
Qui pour la tirer de l'abîme
Prend une livre de sa chair.

Chacun ici-bas, à son tour,
N'a-t-il pas aussi son vautour?

Comme d'un agneau la dépouille,
Sous la dent d'un loup ravisseur,
D'Agnès l'innocence qu'il souille
Tombe au piége du séducteur.

Chacun ici-bas, à son tour,
N'a-t-il pas aussi son vautour?

La coquette attisant la flamme
Qui nous brûle et ne l'atteint pas,
C'est le vautour déchirant l'âme,
Avec ses perfides appas.

Chacun ici-bas, à son tour,
N'a-t-il pas aussi son vautour?

Cet infortuné locataire,
Faute d'argent pour son loyer,
Par un vautour propriétaire
Est expulsé de son foyer.

Chacun ici-bas, à son tour,
N'a-t-il pas aussi son vautour?

Par son audace ou son astuce,
A l'histoire imposant son nom,
Nous savons qu'Améric Vespuce
Vola la gloire de Colomb.

Chacun ici-bas, à son tour,
Mort ou vivant, a son vautour.

C'est pourquoi dans son Prométhée
La fabuleuse antiquité,
Par un vautour persécutée,
Représenta l'humanité.

Chacun ici-bas, tour à tour,
Nous avons tous notre vautour !

EDOUARD RIPAULT,

Membre titulaire.

MA VOLIÈRE

—

AIR : { . des *Chevaliers de la Table ronde*
{ ou *Un Homme pour faire un tableau*

Dans les *Mots donnés* du Caveau,
Lorsque chacun de vous s'amuse
A mettre en chanson son oiseau,
Depuis l'aigle jusqu'à la buse,
Membre libre, par vous admis
A votre agape hospitalière,
Dans la tête je me suis mis
De vous apporter ma volière.

Mais, pour la peupler, je fais choix,
Consultant l'ornithologie,
Seulement d'oiseaux dont la voix
Peut flatter l'oreille ravie.
J'écarte d'abord le coucou,
Pour sa conduite irrégulière,
Et ne veux pas que du hibou
Les cris attristent ma volière.

Arrière faucons et vautours,
Vous dont les chants ne sauraient plaire
Condors, éperviers, noirs autours,
Que Dieu créa dans sa colère!
La pie et le sot perroquet
Me rappelleraient ma portière;
Je hais leur fatigant caquet,
Et les bannis de ma volière.

Mais vous, dont le chant si joli
Charme les échos du bocage,
Cher rossignol, doux bengali,
Accourez vite dans ma cage!
Prends-y place, joyeux pinson;
Ainsi que Jenny l'ouvrière,
Tu fredonneras ta chanson
Qui réjouira ma volière.

Je voudrais voir sur ses barreaux
Voltiger vos folles phalanges,
Oiseaux charmants, gais passereaux,
Bouvreuils, chardonnerets, mésanges;
Enfin, pour couronner mon plan,
A votre troupe familière
J'adjoindrais un joli cul-blanc,
Pour agrémenter ma volière.

HENRI MICHEL
Membre libre.

LE CANARD [1]

—

A MON CAMARADE EUGÈNE GRANGÉ

—

AIR de *la Treille de sincérité*

Je te cède
Mon palmipède,
Sachant, à ne pas en douter,
Que tu devras bien l'apprêter.

Et cependant, si Dieu m'exauce,
Pourrais-je bien, en tâtonnant,
Lui trouver une bonne sauce ;
Puisqu'on ne trouve qu'en cherchant,
Essayons : je sais bien, pourtant,

[1] Cette chanson a été adressée à E. GRANGÉ par BROUSMICHE pour s'excuse
de ne pas faire le CANARD. Nous croyons devoir la joindre à notre recueil.

Que réussir est chose rare...
Ma cuisinière dit : « Patron,
» Mets ton canard à la tartare,
» Et chacun le trouvera bon. »

    — Je proteste,
    Car je déteste
La sauce verte à l'estragon,
A l'ail, au cerfeuil, au cresson.

« — Ne pourrais-tu le mettre en daube ?
» Point n'est besoin d'un grand savoir.
» On le met sur le feu dès l'aube,
» On l'y laisse jusques au soir,
» Flanqué d'épices en sautoir.
» Ce n'est pas la meilleure mode
» De l'apprêter : mais, après tout,
» C'est une manière commode,
» Et puis, d'ailleurs, chacun son goût. »

    — Je proteste,
    Car je déteste
Les épices... et ces ratas,
En vérité, ne me vont pas !

« — Tu me sembles bien difficile :
» Il est d'autres manières ; vois,

» Partout, à la cour, à la ville,
» On le recherche mis aux pois ;
» J'en fis, Dieu sait, combien de fois !
» Partout, à cette sauce, on l'aime
» Et j'ai connu de bons bourgeois
» Qui l'aimaient tant, qu'ils allaient même
» Jusques à s'en lécher les doigts. »

     — Je proteste,
    Car je déteste
Les pois ; de leur sonorité
Je suis toujours épouvanté.

« Alors aux navets de Freneuse
» Il te faut l'apprêter ? » — Jamais !
Aux navets, jamais, malheureuse !
J'eus toujours horreur des navets :
Aux navets pour moi ; non, jamais !
Il est d'autres façons encore
De rissoler cet animal ;
Cherche, de l'Islande au Bosphore,
Et sers-le, ma foi, bien ou mal.

     Je proteste,
    Car je déteste
Les navets ; non jamais, jamais,
Ne me parle plus de navets !

« — A tous moyens je me raccroche ;
» Vous refusez ? Cherchons encor :
» Voulez-vous le mettre à la broche ?
» Avec lisière de raifort
» Et citron, c'est un vrai trésor. »
— Non, ce volatile est immonde ;
Je le confesse, bien que tard :
Ce que je déteste, en ce monde,
Hélas ! c'est surtout le canard.

Je te cède
Mon palmipède,
Sachant, à ne pas en douter,
Que tu sauras bien l'apprêter !

FRÉDÉRICK BROUSMICHE,

Membre associé.

10

TABLE

—

10.

PARIS. Typ. JULES-JUTEAU et FILS. Passage du Caire. 29 & 31

ERRATUM

—

Page 26, au lieu de :

> Et sans rêver *de jour* meilleurs,.
> *Incapable*, etc.,

LISEZ :

> Et sans rêver des jours meilleurs,
> Incapables, etc.

www.ingramcontent.com/pod-product-compliance
Lightning Source LLC
Chambersburg PA
CBHW072039090426
42733CB00032B/1983